DIE ENTWICKLUNG DER PERUANISCHEN AGRARREFORM 1969-1979
UND IHRE DURCHFÜHRUNG IM DEPARTEMENT PUNO

ERDKUNDLICHES WISSEN

SCHRIFTENREIHE FÜR FORSCHUNG UND PRAXIS
HERAUSGEGEBEN VON EMIL MEYNEN UND ERNST PLEWE

HEFT 55

GEOGRAPHISCHE ZEITSCHRIFT · BEIHEFTE

FRANZ STEINER VERLAG GMBH WIESBADEN
1981

DIE ENTWICKLUNG DER PERUANISCHEN AGRARREFORM 1969-1979 UND IHRE DURCHFÜHRUNG IM DEPARTEMENT PUNO

VON

FELIX MONHEIM

FRANZ STEINER VERLAG GMBH WIESBADEN
1981

Zuschriften, die die Schriftenreihe „Erdkundliches Wissen" betreffen, erbeten an:
Prof. Dr. E. Meynen, 5300 Bonn 2, Langenbergweg 82
oder
Prof. Dr. E. Plewe, 6900 Heidelberg, Roonstr. 16

CIP-Kurztitelaufnahme der Deutschen Bibliothek

Monheim, Felix:
Die Entwicklung der peruanischen Agrarreform 1969–1979 [neunzehnhundertneunundsechzig bis neunzehnhundertneunundsiebzig] und ihre Durchführung im Departement Puno / von Felix Monheim. – Wiesbaden : Steiner, 1981.
   (Erdkundliches Wissen; H. 55) (Geographische Zeitschrift : Beih.)
   ISBN 3-515-03629-6
NE: 1. GT

Alle Rechte vorbehalten
Ohne ausdrückliche Genehmigung des Verlages ist es auch nicht gestattet, das Werk oder einzelne Teile daraus nachzudrucken oder auf photomechanischem Wege (Photokopie, Mikrokopie usw.) zu vervielfältigen. © 1981 by Franz Steiner Verlag GmbH, Wiesbaden, Druck: Proff GmbH & Co. KG, Bad Honnef
Printed in Germany

INHALTSVERZEICHNIS

1. Einleitung 1

2. Die allgemeine Entwicklung der Agrarreform seit 1969 1

3. Die Durchführung der Agrarreform im Dept. Puno 13
   3.1 Der Umfang der Enteignungen und die Landzuweisung
       an die verschiedenen Betriebstypen 13
   3.2 Landwirtschaftliche Produktionsgenossenschaften (CAP's) 17
   3.3 Unternehmen im Sozialeigentum (EPS) 21
   3.4 Landwirtschaftsgesellschaften von sozialem Interesse (SAIS) 22

4. Innere Widersprüche im Modell der SAIS und Probleme der genossen-
   schaftlichen Bewirtschaftung 32

Literatur 36

1. EINLEITUNG

Peru hat in den letzten 1 1/2 Jahrzehnten zwei Agrarreformen erlebt. Die erste begann 1964 unter Präsident Belaúnde und die zweite 1969 unter der Militärdiktatur von General Velasco. Über beide hat Verfasser bereits früher berichtet (F. Monheim 1966, 1968 und 1972), doch konnten dabei jeweils nur die ersten Auswirkungen (bis etwa Ende 1970) erfaßt werden.

Die Agrarreform der Militärregierung ist inzwischen 10 Jahre alt und zum mindesten formal abgeschlossen. Ihr Konzept hat in diesem Jahrzehnt erhebliche Wandlungen durchgemacht, die von den verschiedenen Kräftegruppen im Lande und auch innerhalb des Militärs ausgingen. Diese haben mit mehr oder weniger großem Erfolg versucht, Text und Intention des Gesetzes jeweils in ihrem Sinne zu verändern und auch die Art seiner Durchführung zu beeinflussen.

Die Agrarreform von 1969 arbeitet mit einer Reihe von neuen Besitz- und Betriebsformen, die in dieser Art bisher wohl nur in Peru existieren (z.B. „Landwirtschaftsgesellschaften von sozialem Interesse" = SAIS, „Betriebe im Sozialeigentum" = EPS usw). Sie machen das sogenannte peruanische Modell der Entwicklung auch im Bereich der Landwirtschaft zu einem interessanten Studienobjekt. Deshalb will der folgende Beitrag zunächst anhand der Literatur kurz die Entwicklung der Agrarreform darstellen. In einem zweiten Teil sollen dann aufgrund von eigenen Beobachtungen und Gesprächen sowie von Literaturstudien die bisherigen Erfahrungen mit diesen neuen Betriebsformen am Beispiel des Departement Puno besprochen werden.[1]

2. DIE ALLGEMEINE ENTWICKLUNG DER AGRARREFORM SEIT 1969

Einer der Gründe für den Sturz von Präsident Belaúnde durch die Militärregierung im Jahre 1968 war die äußerst schleppende Abwicklung der Agrarreform von 1964. Um das Verfahren zu beschleunigen, hat die Militärregierung unter General Velasco dann in nur 8 Monaten ein neues Gesetz zur Agrarreform erarbeitet, das am 24. 6. 1969 verkündet wurde. Dieses lehnte sich zwar in vielen Punkten an das Gesetz von 1964 an, unterschied sich aber doch grundlegend von diesem. Zu den wichtigsten Unterschieden gehörte die Einbeziehung der agroindustriellen Großbetriebe — z.B. der Zuckerrohrplantagen der Costa — sowie eine Neuordnung des Bewertungs- und

---

[1] Grundlage für diese Untersuchung bilden Beobachtungen auf einer Forschungsreise nach Peru und Bolivien, die Verfasser mit Unterstützung der Deutschen Forschungsgemeinschaft von Mitte März bis Ende Mai 1979 durchführen konnte. Der DFG sei auch an dieser Stelle für ihre großzügige Untrstützung gedankt. Das Manuskript war schon Ende 1979 abgeschlossen, doch bringen einzelne Nachträge Hinweise auch auf die jüngste Entwicklung.

Entschädigungsverfahrens für das enteignete Land, dessen ursprünglich recht komplizierte Handhabe die Durchführung der Reform bisher stark verzögert hatte.[2]

Das neue Gesetz sah verschiedene Formen der Landzuweisung an die Nutznießer der Agrarreform vor. Sie konnte nach Artikel 67 ff entweder individuell oder an Gruppen von Campesinos erfolgen, die kein oder zu wenig Land besassen; diese Möglichkeit kam z.B. bei den ehemaligen Yanaconas, einer Art Kleinpächter des Küstengebietes zur Anwendung.[3] Daneben gab es die Zuweisung an Genossenschaften, die z.B. im Falle der Zuckerrohrplantagen, aber auch bei großen Viehzuchthazienden der Sierra praktiziert wurde. Grundsätzlich konnten auch die einzelnen Campesinogemeinden[4] Land erhalten, doch wurde von dieser Möglichkeit zunächst nur wenig Gebrauch gemacht. Dazu kam dann als eine weitere Modalität die Zuweisung an „Landwirtschaftsgesellschaften von sozialem Interesse" (Sociedades Agricolas de Interes Social = SAIS), eine Besitz- und Betriebsform, die es bisher noch nicht gegeben hatte und die im Gesetz nur unscharf definiert war.[5] Alle diese Möglichkeiten bestanden nebeneinander, ohne daß das Gesetz klare Richtlinien für die Art der Zuteilung gesetzt hätte. Es blieb vielmehr nach Artikel 77 der Agrarreformbehörde überlassen, je nach den sozialen und wirtschaftlichen Gegebenheiten eines Gebietes, der Qualität der Böden und der Art der Betriebe die ihr passend erscheinende Form der Zuweisung zu wählen.

In den ersten Jahren der Agrarreform, von 1969–1971, verfolgte die Militärregierung einen vorwiegend technokratischen Kurs, der darauf ausgerichtet war, die landwirtschaftliche Produktion möglichst wenig zu beeinträchtigen. Zwar wollte sie die alte Oligarchie durch Enteignung des Großgrundbesitzes entmachten, sie versuchte jedoch, die Produktivität der Betriebe zu erhalten, indem sie diese möglichst geschlossen in Produktionsgenossenschaften (Cooperativas Agrarias de Producción = CAP) umwandelte und sie dem bisherigen Personal (einschließlich der technischen und administrativen Führungskräfte) in Besitz gab. Das galt nicht nur für die hoch technisierten Zuckerrohrplantagen des Küstengebietes, sondern auch für modern wirtschaftende Viehzuchthazienden der Sierra.

Aus ökonomischen Gründen wollte die Militärregierung auch die produktiv wirtschaftenden Mittel- und Kleinbetriebe erhalten und fördern, die vor allem in der kommerziellen Landwirtschaft des Küstengebietes eine große Rolle spielten. Nach Artikel 3 b des Gesetzes zählen „die Verbreitung und Festigung des Klein- und Mit-

---

2 Vgl. F. Monheim, 1972, S. 162 ff.
3 Vgl. J. Matos Mar, 1976
4 Die bisher übliche Bezeichnung „Comunidad de Indigenas" wurde im Gesetz durch den Terminus „Comunidad Campesina" ersetzt.
5 Die Gründung der SAIS ging nach M. Valderrama zurück auf die Empfehlung eines französischen Beraters des Landwirtschaftsministeriums, der die französischen „Landwirtschaftsgesellschaften von Gemeininteresse" zum Vorbild nahm. Sie sollten Kleinstbetriebe und Gemeindemitglieder zu einer neuen Betriebseinheit in einer Art Aktiengesellschaft zusammenfassen, evtl. sogar unter Beteiligung von Haziendabesitzern, die das nötige Kapital und ihre Betriebserfahrung einbringen sollten (M. Valderrama 1976, S. 47 ff). In der Praxis ist die Entwicklung dann freilich völlig anders verlaufen.

telbesitzes, soweit er direkt von seinen Eigentümern bewirtschaftet wird", sogar ausdrücklich zu den Zielen der Agrarreform[6], und die Militärregierung hat in den ersten Jahren mehrmals öffentlich auf die große Bedeutung hingewiesen, die sie diesen Betrieben beimaß. Von ihrem Fleiß und ihrer Erfahrung versprach sie sich eine Steigerung der Produktivität[7], und deshalb erlaubte das Gesetz sogar die in Privatinitiative erfolgende Parzellierung von Großbetrieben und den Verkauf der so entstehenden Mittel- und Kleinbetriebe. Auch die Übertragung des bisher von den Kleinpächtern genutzten Landes in deren Eigentum führte zu einer beträchtlichen Vermehrung des Kleinbesitzes.[8] Schließlich wurden die Grenzen der nicht zu enteignenden, d.h. der im Eigentum der bisherigen Besitzer verbleibenden Flächen (limites de inafectabilidad) in der Costa bei 150 ha Bewässerungsland festgelegt, um auch auf diesem Wege produktiv wirtschaftende Mittelbetriebe zu erhalten.

Diese technokratische, vorwiegend auf eine Steigerung der Produktion ausgerichtete Politik bewirkte freilich rasch die Opposition der Landarbeiter und auch der mehr ideologisch eingestellten Kreise der Militärregierung. Vor allem die privaten Parzellierungen von Großbetrieben stießen häufig auf erbitterten Widerstand der ehemaligen Peones, die um ihren Landanspruch fürchteten und die schließlich eine Änderung des Gesetzes in diesem Punkte erzwangen.[9]

Schwerwiegender waren die sozialen Schwierigkeiten, die sich in der Sierra bei der Durchführung der Agrarreform ergeben hatten. Dort war man offensichtlich ohne ein übergeordnetes Konzept vorgegangen und hatte jeden Großbetrieb als eine Einheit für sich betrachtet und ihn im allgemeinen in eine Produktionsgenossenschaft (CAP) aus dem bisherigen ständigen Personal des Betriebes umgewandelt. Da die Haziendas der Sierra aber sehr unterschiedliche Gewinne abwarfen, ergaben sich durch diese Art der Umstrukturierung große wirtschaftliche und soziale Unterschiede zwischen den Mitgliedern der verschiedenen Genossenschaften. Schlimmer war die Tatsache, daß auf diese Weise die nur zeitweise beschäftigten Arbeitskräfte (die Eventuales) und insbesondere die in der Nachbarschaft der Haziendas gelegenen indianischen Gemeinden, in denen größter Landmangel herrscht, bei der Agrarreform praktisch leer ausgingen.

Weitere Schwierigkeiten ergaben sich schon früh in den Zuckerrohrplantagen der Costa. Hier war die Umwandlung in Produktionsgenossenschaften durch staatliches Dekret erfolgt, und der Staat hatte sich in den Organen der Genossenschaften einen bestimmenden Einfluß vorbehalten. Die Arbeiter der Zuckerfabriken waren aber schon seit langem gewerkschaftlich organisiert und geschult und von daher nicht bereit, Staat und Technikern die Leitung ihrer Genossenschaft zu überlassen. So

---

6 Dieser Passus wurde wörtlich aus dem Agrarreformgesetz von 1964 in das neue Gesetz übernommen.
7 Vgl. z.B. den Bericht über eine Pressekonferenz des Landwirtschaftsministers Barandiarán in der Zeitung „La Prensa" vom 25.6.1970, zitiert bei M. Valderrama 1976, S. 182.
8 Vgl. z.B. J. Matos Mar, 1976.
9 Durch Decreto Ley 18003 vom 25.11.1969 wurden die Möglichkeiten der privaten Parzellierungen stark eingeschränkt.

kam es bereits Anfang 1970 zu Protestaktionen und zu gelegentlichen Streiks, die im Laufe des Jahres 1971 sehr zunahmen und schließlich Anfang 1972 ihren Höhepunkt erreichten. In diesem Zusammenhang wurden mehrmals viele Gewerkschaftsfunktionäre verhaftet und teilweise zu langen Gefängnisstrafen verurteilt.

Diese verschiedenen Mißerfolge führten dazu, daß von 1972 ab die radikalen Reformisten innerhalb des Militärs zunehmend die Oberhand gewannen. Die Folge war eine zum mindesten teilweise Abkehr von dem technokratischen, auf Produktivität ausgerichteten Kurs der ersten Jahre und statt dessen eine Hinwendung zu einer mehr ideologisch bestimmten Politik. Privates Grundeigentum in der Form des Mittel- und Kleinbesitzes wurde nun bestenfalls noch geduldet, dem genossenschaftlich-staatlichen Sektor[10] dagegen eine deutliche Priorität eingeräumt.

Aber auch innerhalb des Genossenschaftssektors ergaben sich seit 1972 Gewichtsverlagerungen. Hatte man bisher vor allem Produktionsgenossenschaften (CAP's) gegründet, so gewann nun das Modell der „Landwirtschaftsgesellschaften von sozialem Interesse" (SAIS) an Bedeutung. Um auch die Indianergemeinden an den Vorteilen der Agrarreform zu beteiligen, hat man in den SAIS außer dem Personal der ehemaligen Haziendas auch jeweils mehreren angrenzenden Indianergemeinden das Land der Exhaziendas gemeinsam zugewiesen. Dabei erfolgt die Bewirtschaftung ausschließlich durch das Personal der Exhaziendas, während die Indianergemeinden sozusagen als Aktionäre am Gewinn beteiligt sind. Auf die Einzelheiten dieses Modells soll unten am Beispiel des Dept. Puno eingegangen werden.

Eine zweite Maßnahme zur gerechteren Landzuweisung und zur Beteiligung der bisher von den Vorteilen der Agrarreform Ausgeschlossenen war das Konzept der PIAR's (Proyectos Integrales de Asentamiento Rural), das seit 1973/74 zur Anwendung kam.[11] Es sollte zunächst das bisherige Vorgehen nach Einzelbetrieben durch umfassend geplante Maßnahmen der Agrarreform in größeren, nach sozialen und wirtschaftlichen Kriterien bestimmten Gebieten ersetzen.[12] Damit wollte man folgende Ziele erreichen:[13]

1. eine besser geplante und raschere Durchführung der Agrarreform;
2. eine Verringerung der Ungleichheiten, die die bisherige Art der Reform in den verschiedenen sozialen Schichten bewirkt hatte. Dazu gehörten z.B. die Einkommensunterschiede zwischen den Mitgliedern der großen reformierten Betriebe (z.B. der Zuckerfabriken) und der übrigen ländlichen Bevölkerung. Insbesondere sollte der Status der Tagelöhner (Eventuales), die bisher nicht Mitglieder der Genossenschaften sein konnten und nur geringe Löhne erhielten, verbessert werden.

---

10 Der unmittelbare staatliche Einfluß zeigte sich insbesondere in einer Verstaatlichung der Vermarktung zahlreicher Landwirtschaftsprodukte, mit Festsetzung von meist sehr niedrigen Erzeugerpreisen.
11 Vgl. Peruvian Times vom 25.5.1973, S. 1–2.
12 Die PIAR's umfassen am Westabfall der Anden oft ganze Täler vom Quellgebiet bis zur Mündung. In der Sierra sind es oft mehrere 1 000 km². Bis Ende 1974 wurden insgesamt 105 PIAR's errichtet.
13 Vgl. M. Valderrama 1976, S. 87 f.

Zu diesem Zweck sollten Genossenschaftszentralen sowie ein von diesen verwalteter Kompensationsfonds zu Gunsten der weniger bemittelten Sektoren gegründet werden;[14]

3. den Aufbau von größeren Betrieben, um die Produktionsmittel optimal zu nutzen;
4. ein Zusammenführen eines Teils der Gewinne in einer regionalen Dienststelle, die damit eine integrierte Entwicklung des betreffenden Gebietes planen und fördern sollte.

Die meisten dieser hochgesteckten Ziele konnten freilich nicht erreicht werden. Zwar wurden die Enteignungen beschleunigt und die Flächen der neu entstehenden Genossenschaften durch Zusammenlegen mehrerer bisheriger Hazienden sehr vergrößert (in Einzelfällen auf mehr als 200 000 ha)[15], doch scheiterte das mit dem Konzept der PIAR verbundene soziale Programm weitgehend. Das lag teils an mangelnder staatlicher Förderung dieser Projekte und teils an der für die Militärregierung typischen Art der Durchführung „von oben herab", ohne jede Beteiligung der Betroffenen an der Planung. Außerdem wollten die schon bestehenden Genossenschaften nicht auf ihre durch die bisherigen Reformmaßnahmen erworbenen Vorteile verzichten. Infolgedessen wurden nur wenige Genossenschaftszentralen gebildet, und diese übernahmen dann bestenfalls eine Dienstleistungsfunktion, z.B. beim Einkauf von Betriebsmitteln. Dagegen kam es nicht zum Gewinnausgleich zwischen den verschiedenen Gruppen und auch nicht zu übergeordneten Planungsmaßnahmen zur Entwicklung der betreffenden Gebiete.

Die mangelnde staatliche Förderung der Projekte zur integralen Entwicklung hing wahrscheinlich damit zusammen, daß von 1974 an die Vorstellung des „Sozialeigentums" als eine neues, phantastisches Modell die Ideologen unter den Generälen beschäftigte. Dieses zunächst für den Bereich der Industrie und der Dienstleistungen gedachte und mit Gesetz vom 30.4.1974 verkündete Modell sah vor, daß sich durch Neugründung oder durch Umwandlung von bereits bestehenden Betrieben[16] Unternehmen als Sozialeigentum bilden können. Solche Betriebe sollen der Gesamtheit aller zugehörigen Belegschaften gemeinsam gehören und 10% ihrer Gewinne zur Gründung von neuen Betrieben an einen „Nationalen Fonds des Sozialeigentums" überweisen. Da der Staat diesen Betrieben hohe Priorität bei der Vergabe von Aufträgen und Krediten zusicherte, hoffte man, auf diese Weise einen völlig neuen, kräftigen Wirtschaftssektor zu entwickeln.

Gut ein Jahr nach dem Erlaß des Gesetzes über die Unternehmen im Sozialeigentum verkündigte Präsident Velasco am 28.7.1975 in einer Ansprache an die Nation, daß auch die landwirtschaftlichen Produktionsgenossenschaften (CAP's), die SAIS

---

14 Das Konzept derartiger Ausgleichsfonds wurde von der Militärregierung auch in den anderen Wirtschaftssektoren angewandt, z.B. in Form der Comunidad de Compensación Minera nach dem Bergbaugesetz vom Juni 1971. Vgl. A. Figueroa, in R. Webb und A. Figueroa 1975, S. 125 f.
15 z.B. die CAP „Gigante" im Dept. Puno mit 221 943, 5 ha!
16 Dazu mußten 2/3 der Eigentümer, Aktionäre oder Genossen der Umwandlung zustimmen.

sowie die ländlichen Gemeinden sich nach einigen organisatorischen Veränderungen in diesen neuen Wirtschaftssektor integrieren sollten, um so den Bereich des Sozialeigentums erheblich zu verstärken.[17] Das rief aber eine derartige Unruhe vor allem bei den zuckerproduzierenden Genossenschaften hervor, daß die Militärregierung sich zu einem Rückzieher gezwungen sah. Der Landwirtschaftsminister erklärte daher am 28.9.1975[18], daß die Genossenschaften nur auf ihren eigenen Wunsch hin in das Sozialeigentum überführt würden. Immerhin erließ die Militärregierung am 26.11.1975 noch ein weiteres Gesetz, das die Zuweisung von Land an Unternehmen im Sozialeigentum sowie die freiwillige Umwandlung von CAP's, SAIS und anderen landwirtschaftlichen Genossenschaften in Sozialeigentum erleichtern sollte. Durch die Absetzung von General Velasco am 29.8.1975 und den damit verbundenen Wechsel in der Politik der Militärregierung wurde dieses Gesetz aber kaum wirksam, so daß die Zahl der Landwirtschaftsbetriebe im Sozialeigentum verhältnismäßig klein ist (bis 30.6.1979 nur 8 Betriebe; vgl. Tab. 3).[19]

Die Art der Durchführung der Agrarreform und die von oben her dekretierten neuen Besitzformen haben keineswegs den ungeteilten Beifall der Betroffenen gefunden. Der Widerstand der zuckerproduzierenden Genossenschaften wurde bereits besprochen. Ähnlich reagierte aber auch ein großer Teil der Colonos auf den Hazienden der Sierra, denen nicht nur die Abwicklung der Agrarreform zu langsam erfolgte, sondern denen auch das Modell der SAIS nicht passte. Auch in den Campesinogemeinden herrschte Verbitterung, weil sie trotz ihrer offensichtlichen Notlage weitgehend von den Vorteilen der Agrarreform ausgeschlossen waren. So begegnete die Militärregierung in den Jahren 1971 und 1972 zeitweise einer breiten Opposition der Landbevölkerung, die zu einem großen Teil von Gewerkschaften ausging und die die Regierung zwang, ihr Konzept der Behandlung der Arbeiterschaft von Grund auf zu überdenken.

Das Ergebnis dieser Überlegung war die Gründung einer neuen Organisation SINAMOS (Sistema Nacional de Apoyo a la Movilización Social = Nationales System zur Unterstützung der sozialen Mobilisierung)[20], die freilich nicht auf den ländlichen Bereich beschränkt war. Sie sollte der gewerkschaftlichen Bindung der Arbeiterschaft entgegenwirken. An die Stelle der Gewerkschaften sollten neue, unter der

---

17 Vgl. den Bericht in der Zeitung „El Comercio" vom 29.7.1975, hier zitiert nach M. Valderrama 1976, S. 419 f.
18 Das heißt also nach dem erfolgreichen Putsch von General Morales Bermudez, der den General Velasco als Staatspräsident absetzte!
19 Diese Betriebe dürften fast ausschließlich durch Neugründung mit Hilfe von Landzuteilungen im Wege der Agrarreform entstanden sein. Dabei ging die Initiative wohl von den lokalen Dienststellen der Agrarreform aus, die ja nach Artikel 77 des Gesetzes zur Agrarreform weitgehend selbständig über die ihnen passend erscheinende Form der Landzuweisung bestimmen konnten. Im Dept. Puno gibt es insgesamt 5 Betriebe dieser Art, die etwa 12% des im Wege der Agrarreform vergebenen Landes bewirtschaften.
20 Die Gründung von SINAMOS erfolgte durch Decreto Ley 18896 vom 22.6.1971, doch begann seine volle Wirksamkeit erst, nachdem ein weiteres Gesetzesdekret vom 4.4.1972 seine Funktion und seine organisatorische Struktur festgelegt hatte. Vgl. dazu z.B. A. Gaitzsch 1976, S. 51 ff.

Kontrolle von SINAMOS stehende Ligen treten, über die man die Arbeiter an den Entscheidungen auf der untersten Ebene beteiligen wollte, um sie so für die Reformen der Militärregierung zu gewinnen. Indirekt sollte SINAMOS mit seinen über das ganze Land verteilten Dienststellen freilich auch als ein Kontrollapparat dienen, der trotz der geographisch bedingten Kommunikationsschwierigkeiten eine zentrale Überwachung der Bevölkerung sowie des reformierten Agrarsektors ermöglichte.[21]

Die wechselvolle Geschichte von SINAMOS läßt sich hier nicht im Detail verfolgen.[22] Es war zeitweise eine sehr mächtige und gefürchtete Organisation, die in viele Fachressorts hineinregierte. Ihr unterstand u.a. die Betreuung der Barriadas von Lima, die Entwicklung des Genossenschaftswesens, die Förderung und Ausbreitung der Agrarreform mit dem Aufbau von Agrarligen und bäuerlichen Verbänden, die Förderung der Campesinogemeinden und die regionale Entwicklungsplanung.[23] Angesichts dieser umfassenden Aufgabenstellung haben die radikalen Ideologen des Regimes sich bald dieser Organisation bemächtigt, um mit ihrer Hilfe die Revolution voranzutreiben. In diesem Sinne haben Vertreter von SINAMOS illegale Landbesetzungen unterstützt und ganz allgemein eine Radikalisierung in der Politik der Enteignungen herbeigeführt.[24] Durch SINAMOS wurde das Konzept der Agrarreform in einem nun auch gegen die mittleren und kleinen Grundbesitzer gerichteten Sinne verändert und die Kollektivierung der Landwirtschaft sehr gefördert.

Diese Radikalisierung der Reformpolitik fand praktisch ihr Ende mit der Absetzung General Velascos durch General Morales Bermudez am 29.8.1975. Zwar konnte der reformistische Sektor in den ersten Monaten der neuen Präsidentschaft noch einmal eine Verschärfung der Bestimmungen zur Agrarreform durchsetzen, indem am 1.12.1975 die nicht zu enteignenden Maximalgrößen von 150 ha auf 50 ha Bewässerungsland herabgesetzt[25] und Ende Dezember 1975 noch weitere Provinzen in den Prozeß der Agrarreform einbezogen wurden.[26] Das hatte aber praktisch kaum noch Auswirkungen, da die Militärregierung bereits im März 1976 einen stärker rechts gerichteten Kurs einschlug. Im Juli 1976 mußten daher die radikalen Generäle, darunter auch der Landwirtschaftsminister, ganz aus der Regierung ausscheiden.[27]

Dieser Wechsel in der Politik der Militärregierung wurde mit hervorgerufen durch zunehmende wirtschaftliche Schwierigkeiten. Sie waren teilweise bedingt durch die

---

21 A. Gaitzsch, 1976, S. 53–55.
22 Einen großen Erfolg konnte SINAMOS gleich zu Beginn seiner Tätigkeit verbuchen, als es ihm im Februar 1972 gelang, die Unruhen und Streiks in den zuckerproduzierenden Genossenschaften beizulegen und für eine ruhige Wahl der Genossenschaftsorgane zu sorgen (vgl. Peruvian Times vom 4. und 11. II. sowie vom 14. IV. 1972).
23 Vgl. u.a. Peruvian Times vom 4. und 11. II. 1972 (Movilizacion Social and the Goal of Participation).
24 D. Gremliza, 1979, S. 168.
25 Decreto Ley 21333. Diese Bestimmung wurde im März 1978 durch Decreto Ley 22 133 wieder aufgehoben (The Andean Report, April 1978, S. 79).
26 Die Provinzen Caraveli, Camaná, Islay und Arequipa. M. Valderrama 1976, S. 130.
27 M. Valderrama 1976, S. 125 f.

allgemeine Depression der Weltwirtschaft, doch kamen in Peru die negativen Auswirkungen der extremen Reformpolitik der vorausgehenden Jahre hinzu, die z.B. in manchen Bereichen der Landwirtschaft zu einem Rückgang der Produktion und erheblichen Versorgungsschwierigkeiten geführt hatten.[28] Deshalb bemüht sich die Militärregierung seit 1975 vor allem um eine Steigerung der Produktion. Dazu sollte endlich wieder Ruhe in der Landwirtschaft einkehren, und die Enteignungen sollten deshalb spätestens Mitte 1976 ihr Ende finden, unabhängig von dem dann erreichten Stand.[29] Zudem wurde das stark ideologisch geprägte SINAMOS von der Mehrzahl seiner ländlichen Aufgaben entbunden und auch sonst weitgehend entmachtet.[30]

Die Militärregierung strebt inzwischen eine Konsolidierung des Agrarsektors an, bei der auch die privaten Mittel- und Kleinbesitze wieder voll anerkannt werden. Manche illegalen Enteignungen wurden sogar wieder rückgängig gemacht.[31] Zudem wird auch die Ausnahmestellung der Produktionsgenossenschaften wieder abgebaut. Sie werden jetzt normal besteuert[32] und müssen in erhöhtem Maße einen Teil ihrer Gewinne im Betrieb investieren (seit Mai 1976 mindestens 20% des Bruttogewinns), um so die Produktivität zu steigern.

Trotz dieser Maßnahmen ist die Produktion in einigen Bereichen sogar zurückgegangen. Das gilt insbesondere für die Zuckerplantagen, denen es in den ersten Jahren nach der Agrarreform zunächst gelungen war, die Produktion um 32% zu steigern — von 752 000 t 1968 auf 992 000 t 1974.[33] Seit 1975 ist diese aber rückläufig und hat inzwischen sogar das Ausgangsniveau unterschritten (vgl. Tab. 1). Infolgedessen mußte Peru 1980 erstmals 46 000 t Zucker importieren, und für 1981 rechnet man sogar mit Importen von 130 000 — 150 000 t.[34]

Dieser Rückgang war teilweise durch ungünstiges Wetter verursacht (große Dürre 1978, deren Folgen sich auch 1979 noch bemerkbar machten), doch kam dazu die Preispolitik der Militärregierung, die den Zuckerpreis auf dem Binnenmarkt trotz steigender Produktionskosten von 1967—1975 nicht erhöht hat. Die dadurch entstehenden Verluste sollten durch die Exportgewinne wieder ausgeglichen werden, doch war das ab 1976 wegen eines starken Sinkens der Weltmarktpreise für Zucker nicht mehr möglich. Die Betriebe arbeiten seit 1976 mit Verlust und haben ihr Kapital

---

28 Vgl. z.B. D. Gremliza, 1979, S. 207.
29 M. Valderrama 1976, S. 32. Ursprünglich sollten die Enteignungen sogar schon Ende 1975 abgeschlossen sein (J. Kressin und E. Spiegel 1973, S. 59). Nach „The Andean Report", Bd. III, Nr. 3 (März 1977) S. 48 konnte freilich auch der neue Zeitpunkt nicht eingehalten werden, doch hoffte man, die ganze Aktion im Jahr 1977 endgültig abzuschließen.
30 Am 14.2.1978 wurde die Auflösung von SINAMOS beschlossen. Bis zum 31.8.1978 mußte es seine Aktivitäten sukzessive auf verschiedene Ministerien übertragen (The Andean Report Bd. 4, Nr. 2, Februar 1978, S. 38).
31 Nach M. Valderrama 1976, S. 130 wurden (wohl bis Sept. 1976) etwa 200 enteignete Güter wieder zurückgegeben. Dabei dürfte es sich im allgemeinen wohl um große Mittelbetriebe unterhalb der limites de inafectabilidad handeln, die z.B. in der Sierra bei Weideland ja relativ großzügig bemessen sind (ausreichend für 5 000 Schafeinheiten!).
32 V. Lüpertz, 1979, S. 71 f.
33 Diese Produktionssteigerung war sicher teilweise bedingt durch den Anreiz, der von den hohen Weltmarktpreisen für Zucker zu Anfang der 70er Jahre ausging.
34 The Andean Report, Bd. 6, Nr. 12, Dez. 1980, S. 232.

Tabelle 1: Entwicklung von Zuckerproduktion und Export
1968–1979[35]

	Zuckerproduktion (t)	Zuckerexport (t Rohzucker)
1968	752 132	459 419
1969	632 810 (Agrarreform !)	267 611
1970	770 764	403 165
1971	882 496	428 611
1972	899 415	480 932
1973	897 322	407 011
1974	992 464	462 171
1975	963 675	421 841
1976	929 650	280 400
1977	899 365	411 000
1978	830 000	291 000
1979	690 000	275 000

inzwischen weitgehend aufgezehrt (vgl. Tab. 2). Dadurch wurden dann auch die Ersatzinvestitionen im technischen Bereich übermäßig eingeschränkt.[36] Ein weiterer Grund — nach dem Andean Report[37] sogar der Hauptgrund — ist schließlich der

Tabelle 2: Gewinn bzw. Verlust der Zuckergenossenschaften (vor Steuern)[38] (in Millionen Soles)

	1975	1976	1977	1978*
Pucalá	614	– 122	18	171
Tumán	381	– 453	– 463	240
Pomalca	417	– 174	– 647	– 844
Cayalti	126	– 299	– 721	– 999
Casa Grande	1 401	283	753	749
Cartavio	1 073	– 104	15	90
Laredo	206	– 129	– 66	– 56
San Jacinto	180	– 114	– 594	– 884
Paramonga	180	– 61	– 37	38
Andahuasi	73	– 11	– 130	– 97
Ingenio	22	– 13	– 30	– 37
Chucarapi	43	– 83	– 186	– 314
Total	4 716	–1 211	–2 090	–1 943

* Schätzung im März 1977

35 Nach The Andean Report Bd. 4, Nr. 3, 1978, S. 53 (Zahlen bis 1977) sowie Bd. 5, Nr. 4, 1979, S. 53 (Zahlen für 1978 und 1979). Diese Zahlen umfassen den „commercial sugar". Sie sind etwas niedriger als die Zahlen im FAO – production yearbook für den Rohzucker.
36 W. von Urff, 1975, S. 345.
37 The Andean Report Bd. 5, Nr. 4, 1975, S. 52.
38 Nach „The Andean Report" Bd. 5, 1979, S. 54. Der Kurs des Sol sank in dieser Zeit von 0,06 auf 0,01 DM.

Mangel an Fachpersonal in Technik und Verwaltung, da dieses die Genossenschaften seit der Agrarreform in zunehmendem Maße verlassen hat.[39]

Da die Agrarreform inzwischen praktisch abgeschlossen ist, läßt sich das Ausmaß der Veränderungen wenigstens teilweise anhand der Zahlen über die Enteignungen und die Landzuweisungen ersehen. Nach den ursprünglichen Schätzungen sollten bis zum Abschluss der Enteignungen (damals vorgesehen für Ende 1975) 12,6 Mill. ha Land enteignet werden[40], doch hat man dieses Ziel bereits 1972 auf 10,2 Mill. ha reduziert und den Abschluß der Enteignungen gleichzeitig auf Ende 1976 verschoben.[41] Bis zum 31.12.1976 wurden dann tatsächlich 16 505 Betriebe mit einer Fläche von 10,5 Mill. ha enteignet.[42] Das Planziel wurde damit also sogar leicht überschritten.

Nach dem Landwirtschaftszensus von 1961[43] gab es damals 11 322 Betriebe mit über 100 ha, mit einer Gesamtfläche von 14,8 Mill. ha. Davon gehörten 1,4 Mill. ha den Comunidades, so daß auf die echten Großbetriebe 13,4 Mill. ha entfielen. Das heißt also, daß mit den o.g. 10,5 Mill. ha 78% der Fläche der Betriebe über 100 ha enteignet wurden. Der Rest entfällt zu einem großen Teil auf das nicht zu enteignende Gelände, so daß auch nach diesem Vergleich der private Großgrundbesitz inzwischen wohl restlos verschwunden ist.[44] Die Agrarreform ist also in Bezug auf die Enteignungen sicher erfolgreich abgeschlossen.

Tabelle 3: Landzuteilung bis zum 30.6.1979[45]

	Zahl der Einheiten	Zahl der Familien	Fläche (ha)	Mittlere Fläche (ha) je Familie	je Einheit
Individuell	–	22 825	247 341 = 3,0 %	10,8	–
Genossenschaften	520	103 740	2 231 164 = 27,3 %	21,5	4 290
SAIS	60	60 954[46]	2 778 370 = 34,0 %	45,6	46 306
Campesino-Gruppen	778	44 611	1 671 824 = 20,5 %	37,5	2 149
Comunidades	448	117 710	889 363 = 10,9 %	7,6	1 985
Unternehmen im Sozialeigentum	8	1 375	223 183 = 2,7 %	162,3	27 898
Übertragung auf den Staat	–	–	124 140 = 1,5 %	–	–
		351 215	8 165 385 = 100,0%		

39 Auf die Gefahr einer derartigen Entwicklung hat Verfasser schon 1972 S. 167 f hingewiesen. Vgl. dazu auch W. von Urff, 1975, S. 345.
40 J. Kressin und E. Spiegel, 1973, S. 77.
41 M. Minkner, 1977, S. 218.   42 The Andean Report, Bd. 3, März 1977, S. 47.
43 Dirección Nacional de Estadistica y Censos, 1965, S. 4 und 13.
44 Dabei sind die Grenzen des Großgrundbesitzes freilich relativ großzügig bemessen. Bei Weideland kann ein Betrieb noch mehrere 1 000 ha umfassen, ohne zum Großgrundbesitz gerechnet zu werden.
45 Dirección General de Reforma Agraria y Asentamiento Rural, nach frdl. Mitteilung von Ing. L. Masson.
Fußnote 46 siehe Seite 11.

Die Bezahlung des Landes und die Zuweisung an die neuen Besitzer erfolgt naturgemäß mit einer gewissen Verzögerung. So waren zum 31.12.1976 erst 13 493 Betriebe mit einer Fläche von 8,7 Mill. Hektar bezahlt und von der Behörde übernommen. Die Zuweisung an die zukünftigen Nutzer (mit Aushändigung der Besitztitel) umfasst am 30.6.1979 8 165 385 ha (vgl. Tab. 3).

Von besonderem Interesse ist die Zahl der Familien, denen im Wege der Agrarreform Land zugewiesen wurde, sowie die Art der Zuteilung. Bis zum 30.6.1979 waren es 351 215 Familien, deren Zugehörigkeit zu den verschiedenen Nutzergruppen Tab. 3 zeigt.

Die Schätzungen gehen davon aus, daß 1969 etwa 1,2 Mill. Familien von der Landwirtschaft lebten (vgl. Tab. 4). Davon gehörten 49 000 zu Besitzern oder Leitern von Großbetrieben sowie 87 000 zu Familienbetrieben, die wahrscheinlich nicht zu den Begünstigten der Agrarreform zu rechnen sind. Der Kreis der landwirtschaftlich tätigen Familien, die kein oder zu wenig Land besitzen und die also theoretisch zu den Nutznießern der Agrarreform gehören sollten, umfaßt demnach etwa 1 064 000 Familien. Davon haben nur 351 000 oder 33% Land erhalten.[47] Das heißt aber, daß gut 2/3 der Anspruchsberechtigten, und zwar insbesondere die Besitzer von Zwergbetrieben in den Indianergemeinden, bei der Agrarreform praktisch leer ausgegangen sind.[48]

Tabelle 4: Sozio-ökonomischer Status der landwirtschaftlichen Familien (etwa 1969)[49]

	Costa	Sierra	Selva	Insgesamt
Besitzer und Leiter von Großbetrieben	15 000	30 000	4 000	49 000
Familienbetriebe	40 000	40 000	7 000	87 000
Minifundien	170 000	555 000	62 000	787 000
Bezahlte Arbeitskräfte	60 000	40 000	9 000	109 000
Colonos	15 000	135 000	18 000	168 000
Insgesamt	300 000	800 000	100 000	1 200 000

46 In dieser Zahl sind auch die zu den SAIS gehörenden Comunidades enthalten, die zwar im allgemeinen kein Land zur Nutzung erhielten, aber zum mindesten theoretisch am Gewinn der SAIS beteiligt sind.

47 Nach einer Rede des Agrarministers vom 10.3.1975 rechnete man damals mit der Möglichkeit, an 450 000 Familien Land zu vergeben (V. Lüpertz 1979, S. 47).

48 In Peru gibt es etwa 5 000 Campesinogemeinden (V. Lüpertz, 1979, S. 37), von denen 2 497 rechtlich anerkannt sind. Davon haben nur 448 direkt Land erhalten; weitere 169 wurden bis zum 30.9.1975 an SAIS angegliedert (D. Gremliza 1979, S. 146), so daß also nur etwa 12% der Campesinogemeinden Vorteil durch die Agrarreform erhielten.

49 Nach D.E. Horton, 1976, S. 109. J. Matos Mar u. J. Mejia, 1980, S. 31 f. geben für 1961 folgende Gesamtzahlen: Minifundien 650 000, bezahlte Arbeitskräfte 265 000, Colonos 122 000, landlose Campesinos ohne feste Arbeit 300 000, insges. 1 337 000 Personen.

Zum Abschluß dieses allgemeinen Teils sei noch kurz die Frage nach der voraussichtlichen weiteren Entwicklung der Agrarreform angedeutet. In der zur Zeit praktizierten Form ist sie ein Produkt der Militärregierung, das weitgehend „von oben herab", ohne Beteiligung und z.T. sogar gegen den Widerstand der Betroffenen entwickelt und durchgeführt wurde. Die Regierung von Peru soll aber Ende Juli 1980 durch allgemeine Wahlen von den Militärs auf einen gewählten Präsidenten und die Gesetzgebung wieder auf den Kongreß übergehen. Welche Folgen das für die Agrarreform haben wird, läßt sich zur Zeit kaum sagen.

An den Grundtatsachen der Reform, die ja schon unter Belaúnde durch das Gesetz von 1964 festgelegt waren, dürfte sich kaum etwas ändern. In vielen Fällen könnte zwar der Umfang der Enteignung angefochten werden, zumal in den Jahren 1971 bis 1974 die limites de inafectabilidad nur selten eingehalten wurden, doch brächte das nur kleine Korrekturen. Problematischer scheint mir die Übertragung fast des ganzen enteigneten Landes an das Personal der ehemaligen Haziendas, ohne Berücksichtigung der Ansprüche der Indianergemeinden. Diese Tatsache hat seit 1977 zu einem Wiederaufleben der Landbesetzungen durch Mitglieder der Indianergemeinden geführt, die sich diesmal gegen schlecht genutztes Genossenschaftsland in der Sierra Zentralperus, in den Departements Piura, Junin, Cuzco und Puno richten.[50] Besonders problematisch ist aber die Situation der „Landwirtschaftsgesellschaften von sozialem Interesse" (= SAIS), die jetzt schon mit großen internen Schwierigkeiten belastet sind und deren von den Ideologen geplante Weiterentwicklung mit Umwandlung der Indianergemeinden in echte Produktionsgenossenschaften wohl kaum verwirklicht werden kann (vgl. unten). Hier dürfte es wahrscheinlich zu größeren Korrekturen kommen, wie sie sich schon 1978 am Beispiel der „CAP"[50a] Tupac Amaru II in der sogn. Antapampa ergeben haben.[50b] Dieser 1970 entstandene erste als SAIS organisierte Genossenschaftsbetrieb der Sierra, über den auch von deutschen Autoren mehrfach berichtet wurde, hat sich im April 1978 mit staatlicher Genehmigung weitgehend aufgelöst. Von seinen ursprünglich 38 437 ha wurden etwa 30 000 ha auf 21 Comunidades und 8 Campesinogruppen verteilt, so daß die neue „Restgenossenschaft" nur noch 7 540 ha und 378 Familien erfaßt. Trotzdem mußte sie die ganzen finanziellen Verpflichtungen der alten Genossenschaft übernehmen. Es ist damit zu rechnen, daß auf die Dauer noch weitere SAIS diesem Beispiel folgen werden.

Eine erste, vorweggenommene Korrekturmaßnahme zugunsten der Nutznießer der Agrarreform ist die Löschung der Agrarschuld, die diese bisher als Ersatz für die staatlichen Entschädigungen der ehemaligen Besitzer laufend an den Staat zahlen mußten. Diese Löschung gehört zu den Leitlinien, die die 1978 gewählte verfassungsgebende Versammlung im Juni 1979 festgelegt hat und die im November 1979 von

---

50 Andean Report V, 12, Dez. 1979 S. 217 und VI, 1, Jan. 1980 S. 18 sowie J. Matos Mar und J. Mejia, 1980, S. 80 ff.
50a Die Bezeichnung CAP ist in diesem Falle wohl irreführend, denn es handelte sich praktisch um eine SAIS mit 30 Mitgliedsgemeinden (A. Gaitzsch, 1977, S. 23)
50b Vgl. dazu: Sur. Boletin informativo agrario, Centro Las Casas, Cuzco, 1978, Nr. 9—11 (Dez.), S. 26—36

der Militärregierung übernommen wurde.[51] Die Zahlung der Agrarschuld hatte nämlich zu einem empfindlichen Kapitalentzug für die Landwirtschaft geführt. Durch ihre Löschung wird vor allem die wirtschaftliche Situation der Genossenschaften und der SAIS wesentlich verbessert.

3. DIE DURCHFÜHRUNG DER AGRARREFORM IM DEPT. PUNO

3.1 Der Umfang der Enteignungen und die Zuteilung an die verschiedenen Betriebstypen

In der Durchführung der Agrarreform, insbesondere in der Wahl der neuen Betriebsformen, bestehen in Peru große regionale Unterschiede, die teils durch die natürlichen und teils durch die sozialen Gegebenheiten bedingt sind (vgl. Tab. 5). In der weitgehend auf marktwirtschaftliche Produktion ausgerichteten Bewässerungswirtschaft der Costa überwogen vor der Agrarreform modern eingerichtete Großbetriebe (z.B. Zuckerrohrplantagen) und im Bereich des Baumwollanbaus kleine, marktorientierte Pachtbetriebe, während die ursprünglichen Indianergemeinden hier schon weitgehend verdrängt waren. Infolgedessen erfolgte die Landzuweisung hier ganz überwiegend an landwirtschaftliche Produktionsgenossenschaften (87,7% der Fläche) und an Einzelbetriebe (7,4%), während es bis zum 31.3.1976 hier nur eine einzige SAIS gab. Dagegen spielen in der Sierra mit ihrer stärkeren Erhaltung der Indianergemeinden die SAIS die Hauptrolle (46,7% der zugewiesenen Fläche), doch sind in den Viehzuchtgebieten daneben auch die Produktionsgenossenschaften stark vertreten (41,5% der Fläche). In der noch wenig erschlossenen Selva liegen nur etwa 0,2% der gesamten, im Rahmen der Agrarreform zugewiesenen Flächen, die hier zu 90% auf Einzelbetriebe entfallen.

Tabelle 5: Regionale Differenzierung der Landzuweisung (Stand 31.3.1976)[52]

	Costa			Sierra			Selva		
	Zahl	Fläche	%	Zahl	Fläche	%	Zahl	Fläche	%
Genossenschaften[53]	380	796 894	87,7	556	2 255 742	41,5	43	1 361	9,4
SAIS	1	5 130	0,6	56	2 538 479	46,7	1[54]	?	—
Comunidades	10	39 553	4,3	179	548 552	10,1	—	—	—
Einzelbetriebe	?	67 124	7,4	?	94 685	1,7	?	13 174	90,6
		908 701	100		5 437 458	100		14 535	100

51 Andean Report V, 12, Dez. 1979, S. 217. Als Voraussetzung für die Löschung müssen die Schuldner ihre bis zum 13.11.1979 fälligen Raten voll gezahlt haben. Die gesamte noch ausstehende Agrarschuld betrug etwa 11 Mrd. Soles (etwa 45 Mill. US-$).
52 Nach M. Minkner, 1977, S. 223.
53 Einschließlich der Campesinogruppen.
54 Es handelt sich um einen Zweigbetrieb der SAIS Tupac Amaru, die in der zentralperuanischen Sierra liegt.

Die für die peruanische Agrarreform besonders typische Betriebsform der SAIS liegt also fast ausschließlich in der Sierra. Ihre beste Ausprägung erreicht sie hier in den Viehzuchtgebieten Zentral- und Südperus. Davon ist Verfasser besonders der südperuanische Raum des Dept. Puno vertraut, der deshalb auch als Beispielregion für diese Untersuchung gewählt wurde.

Im Dept. Puno war die landwirtschaftliche Betriebsstruktur vor der Durchführung der Agrarreform besonders problematisch. 80% der landwirtschaftlichen Betriebsfläche entfielen hier auf Großbetriebe mit mehr als 500 ha und nur 3,3% auf Kleinbetriebe unter 5 ha, zu denen aber 83% aller Betriebe gehörten. Auf die zahlreichen Indianergemeinden in der dicht besiedelten Nachbarschaft des Titicacasees kamen sogar nur 2,6% der gesamten landwirtschaftlichen Betriebsfläche.[55] Eine Agrarreform wurde daher hier schon seit langer Zeit als dringend notwendig empfunden.

Tabelle 6: Betriebsgrößenstruktur im Dept. Puno 1961[56]

Betriebsgrößen-klasse	Zahl der Betriebe	%	Betriebsfläche (ha)	%
< 1 ha	49 627	45,3	20 171	0,6
1– 5 ha	41 248	37,6	91 372	2,7
5–500 ha	17 793	16,2	562 726	16,8
>500 ha	908	0,8	2 676 681	79,9
	109 576	100	3 350 950	100

Wegen seiner besonders problematischen Besitzstruktur gehörte das Dept. Puno zu den ersten Gebieten, in denen die Agrarreform bereits 1966 unter Präsident Belaúnde begann. Die Enteignungen haben dann vor allem seit 1969 ein sehr großes Ausmaß angenommen (vgl. Tab. 7). Insgesamt wurden hier von 1966 bis Ende 1978 2 085 996 ha Land enteignet. Das sind immerhin 62% der gesamten landwirtschaftlichen Betriebsfläche.

Besonders auffällig sind in Tabelle 7 der verhältnismäßig geringe Umfang des nicht zu enteignenden Landes, der im Mittel nur 219 ha je Fundo beträgt, sowie die großen Unterschiede, die sich im Laufe der Jahre in dessen Bemessung ergeben haben. Nach dem Gesetz sollte das nicht zu enteignende Land bei Viehzuchtbetrieben der Sierra zum Unterhalt von 5 000 Schafen zur Zeit der Schafschur ausreichen.[57] Dafür wären bei guter Naturweide wohl etwa 1 000–1 500 ha erforderlich. Dieser Betrag wurde aber nur in der Zeit Belaúndes erreicht. Von 1969 an gingen die Werte

---

55 Nach Dirección . . . , 1965, S. 23.
56 Nach Dirección . . . , 1965, S. 9.
57 Ein derartiger Restbesitz sollte freilich nur dann zugestanden werden, wenn bestimmte Voraussetzungen wie Abhängigkeit des Besitzers von dem Betrieb als einziger Einnahmequelle, frühere Selbstbewirtschaftung, gutes soziales Verhältnis zu den Colonos erfüllt waren.

rasch zurück, und 1971 wurde sogar trotz Enteignung von 74 Fundos überhaupt kein nicht zu enteignendes Land mehr ausgewiesen. Erst ab 1975 ändert sich dann wieder die Tendenz.

Diese Schwankungen sind in erster Linie auf eine sehr restriktive Praxis der Agrarreformbehörde in den Jahren 1971 bis 1974 zurückzuführen. Daneben dürfte aber auch eine gewisse Unlust der Besitzer eine Rolle gespielt haben, die damals wohl daran zweifelten, ob angesichts der ständigen Verschärfung der Praxis der Agrarreform ein weiteres Arbeiten in den stark verkleinerten Betrieben und mit meist neuem, unerprobtem Personal noch sinnvoll sein könnte. So haben viele wohl mehr oder weniger freiwillig auf ihren verbleibenden Anteil verzichtet und einer Totalenteignung zugestimmt. Das verkleinert natürlich die Durchschnittswerte.

Tabelle 7: Übersicht über die Enteignungen im Dept. Puno 1966–1978[58]

	Zahl der Predios	Zahl der Fundos	Enteignete Fläche (ha)	nicht zu enteignen (inafectable) (ha)	Mittel inafectable je Fundo (ha)	Gesamtfläche (ha)
1966	1	15	43 672	3 121	208	46 794
1967	3	9	57 607	7 643	849	65 251
1968	12	14	13 281	15 830	1 130	29 111
1969	42	96	370 124	46 398	483	416 522
1970	26	40	250 458	17 535	438	267 993
1971	46	74	260 679	—	—	260 679
1972	129	195	269 244	13 133	67	282 377
1973	103	179	249 753	8 572	48	258 325
1974	83	192	186 570	17 094	89	203 665
1975	101	148	140 893	31 087	210	171 981
1976	226	441	192 214	134 730	305	326 944
1977	20	36	51 501	19 898	553	71 400
1966/78	792	1 439	2 085 996	315 043	219	2 401 043

Soweit bei der Enteignung ein Restbesitz belassen wurde, kann er heute mehr oder weniger ungestört bewirtschaftet werden. Das gilt z.B. auch von der früher vom Verfasser beschriebenen 15 000 ha großen Viehzuchthazienda im Distrikt Muñani.[59] Ihr Besitzer durfte etwa 3 000 ha um die Haziendagebäude behalten, zu denen auch die etwa 1 000 ha guten Weidelandes dieses Betriebs gehören. Diese Fläche bewirtschaftet er mit Hilfe von vier fest angestellten Hirten und beschäftigt zur Schafschur auch zusätzliche Arbeitskräfte. Er hält noch etwa 1 500 Rasseschafe und züchtet außerdem Stiere für die Stierkämpfe in Lima und La Paz.

---

58 Nach Zahlenmaterial der Dienststelle der Agrarreformbehörde in Puno im April 1979.
59 F. Monheim, 1966, S. 150 ff.

Das im Rahmen der Reform enteignete Land wurde größtenteils an Produktionsgenossenschaften (CAP's und Prä-CAP's), sowie an SAIS und in den letzten Jahren auch an Betriebe im Sozialeigentum vergeben, die insgesamt fast 97% der zu verteilenden Fläche erhielten. Dagegen entfielen auf die Indianergemeinden sowie auf Gruppen von Campesinos und Einzelpersonen zusammen nur 2,3%! (Vgl. Tab. 8). Dabei besteht aber im Dept. Puno die Besonderheit, daß hier die Benennung als CAP bzw. SAIS in einigen Fällen nicht der tatsächlichen Besitzform des jeweiligen Betriebs

Tabelle 8: Übersicht über die Landzuweisungen im Dept. Puno bis 31.12.1978

Organisationsform der Empfänger	Zahl der betr. Einheiten	Zahl der zugew. Betriebe (Predios	Zahl der Familien	%	zugew. Fläche (ha)	%	mittl. Fläche je Famili (ha)
Produktionsgenossenschaft	10	85	1 960	8,4	471 758	26,7	241
Gesellschaft von sozialem Interesse (SAIS)	23	408	14 955	64,2	993 455	56,3	66,4
Unternehmen im Sozialeigentum (EPS)	5	139	501	2,2	214 361	12,2	428
Indianergemeinden	32	31	5 285	22,7	13 685	0,8	2,6
Gruppen von Campesinos	8	24	470	2,0	20 608	1,2	43,8
Individuelle Zuweisung	–	13	55	0,2	5 695	0,3	104
Überlassung zur Nutzung	–	6	6	0,02	19 559	1,1	3260
Empresa Regional Puno	–	2	1	–	239	0,01	239
Prä-Kooperativen	2	2	55	0,2	24 805	1,4	451
		710	23 688	100	1 764 168	100	75,8

entspricht. So gibt es hier vier „CAP's", zu denen auch indianische Gemeinden gehören[60], die also eigentlich dem Modell der SAIS entsprechen, während umgekehrt zwei „SAIS" in Wirklichkeit zu den CAP's zu rechnen wären, weil an ihnen keine indianischen Gemeinden beteiligt sind.[61] Für den ersten Fall fand ich in der Literatur

---

60 Die CAP s Gigante mit 1 450 C.-F. (= Comunidades-Familien), Manco Capac mit 500 C.-F., Micaela Bastides mit 1 586 C.-F. und Santa Lucia mit 936 C.-F., (vgl. D. Horton, 1974, Appendix A., S. XVII 6).
61 Die SAIS Yanarico und Yocara, vgl. unten Tab. 11.

keine Erklärung. Wahrscheinlich wollte man an diesen vier ausgesprochenen Großbetrieben (im Mittel fast 100 000 ha) zwar auch indianische Gemeinden beteiligen, um die sozialen Spannungen zu verringern, andererseits aber jede Störung des Wirtschaftsablaufs vermeiden, wie sie durch eine dem Statut der SAIS entsprechende Beteiligung der Comunidades an der Leitung des Betriebs zu befürchten war.[62] Dagegen hängt der zweite Fall (Bezeichnung als SAIS) wohl damit zusammen, daß man zu Beginn der 1970er Jahre in den SAIS vor allem Prä-Kooperativen sah, in denen noch individuelle Weide- und Landnutzungsrechte fortbestehen durften, während die Beteiligung von indianischen Gemeinden damals wohl weniger wichtig schien.

3.2 LANDWIRTSCHAFTLICHE PRODUKTIONSGENOSSENSCHAFTEN (CAP's)

Nach Artikel 186 des Agrarreformgesetzes haben die sogenannten Feudatarios, zu denen auch die Colonos der Haziendas gehören, ein Vorzugsrecht auf Übereignung derjenigen Parzellen, die sie bisher als Entgelt für ihre Arbeitsleistung nutzen durften. Diese Übereignung erfolgt aber in der Sierra nicht in individueller Form, weil das zu einer Zersplitterung der Haziendas führen würde, die gerade bei Viehzuchtbetrieben ausgesprochen unökonomisch wäre. Die Colonos müssen vielmehr zunächst eine landwirtschaftliche Produktionsgenossenschaft (CAP) bilden, der dann vom Staat in Form eines Kaufvertrages das Eigentum nicht nur an den bisher von den Colonos genutzten Parzellen, sondern an der ganzen Hazienda (evtl. nach Abzug des beim Besitzer verbleibenden Teiles) übertragen wird.[63] In der Praxis werden freilich wegen des oben geschilderten Vorgehens nach PIAR's nicht einzelne Haziendas an ihre Colonos übergeben, sondern jede CAP umfaßt mehrere Haziendas und deren Colonos. Infolgedessen haben die CAP's meist eine beachtliche Größe, die im Dept. Puno im Mittel bei fast 50 000 ha liegt (vgl. Tab. 8).

Da es sich um Landzuweisungen im Rahmen der Agrarreform handelt, steht es nicht im Belieben der Genossenschaft, wen sie als Mitglied aufnehmen will. Viel-

---

62 So besteht z.B. die Generalversammlung der „CAP" Santa Lucia aus den 235 Mitgliedern der zur CAP vereinigten 14 Exhaziendas, währen die 4 beteiligten Comunidades nur durch je einen Delegierten vertreten sind (D. Horton, 1974, Appendix B., S. 22,2). Bei der Umwandlung in eine SAIS müßte das Verhältnis dagegen 1:1 bzw. außerhalb des Dept. Puno sogar 1:4 sein (vgl. unten S. 24). Bei den „CAP's" Manco Capac und Micaela Bastides ist die Beteiligung der Comunidades sogar so gering, daß ihre Mitgliedschaft bei den Interviews mit der Leitung der CAP überhaupt nicht erwähnt wurde (D. Horton, 1974, Appendix B, S. 24,6 und G.E. Machaca 1978).

63 Nach Artikel 83 des Agrarreformgesetzes soll der Kaufpreis in Relation zur wirtschaftlichen Leistungsfähigkeit des Betriebes festgesetzt werden. Er darf nicht höher sein als die Entschädigung für den früheren Besitzer. Die Pflicht zur Zahlung der noch ausstehenden Kaufpreisraten wurde freilich im November 1979 aufgehoben (vgl. Andean Report V 12, Dez. 1979, S. 217).

mehr bestimmen das Landwirtschaftsministerium und das Arbeitsministerium anhand der Lohnlisten der früheren Hazienden, wer als Feudatario und damit als Mitglied der Genossenschaft anerkannt wird. Im allgemeinen gehören dazu alle ständig für die Hazienda tätig gewesenen Personen, sowie diejenigen, die im letzten Jahr vor der Enteignung mindestens 1/2 Jahr auf der Hazienda gearbeitet haben. Darüber hinaus können im Bedarfsfall auch weitere Personen aufgenommen werden, falls sie im Rahmen der Agrarreform zuweisungsberechtigt sind.

Sinngemäß sollten zum Kreise der Feudatarios nur die ehemaligen Colonos einer Hazienda gehören. Da diese aber Analphabeten sind, wäre eine nur aus ehemaligen Colonos bestehende Genossenschaft kaum in der Lage, einen Viehzuchtbetrieb von 50 000 ha sinnvoll zu bewirtschaften. Deshalb wurde im allgemeinen auch das technische und Verwaltungspersonal der früheren Hazienden mit in die Genossenschaft aufgenommen.[64] Das war wirtschaftlich sicher sinnvoll, doch hat es teilweise zu erheblichen sozialen Schwierigkeiten geführt, auf die unten noch näher eingegangen wird.

Die Produktionsgenossenschaft ist zum mindesten in der Theorie ein Betrieb mit Selbstverwaltung, in dem alle Mitglieder gleiche Rechte und Pflichten haben. Ihr höchstes Organ ist die Generalversammlung, der alle Mitglieder angehören und die mindestens zweimal im Jahr zusammentritt.[65] Sie wählt einen Verwaltungsrat, der für die laufenden Geschäfte sowie für die Anstellung eines hauptberuflichen Geschäftsführers zuständig ist, und einen Aufsichtsrat, der die Aktivitäten des Verwaltungsrates überwacht und die Rechnungsführung überprüft. Verwaltungsrat und Aufsichtsrat bestehen aus mindestens 5 bzw. 3 Mitgliedern.[66] Beim Verwaltungsrat gehört dazu ein Präsident, der zugleich Präsident der Produktionsgenossenschaft ist, sowie je ein Vizepräsident, Schriftführer und Schatzmeister.

In der praktischen Durchführung unterliegt die Selbstverwaltung freilich starken Beschränkungen. So hat z.B. der Verwaltungsrat bei der Anstellung des Geschäftsführers nur ein Vorschlagsrecht, während die letzte Auswahl aus den Vorschlägen beim Landwirtschaftsministerium liegt.[67] Auch die Landwirtschaftsingenieure der Agrarreformbehörde üben einen starken Einfluß auf den Verwaltungsrat aus, der im Grunde nur in nebensächlichen Fragen echt frei entscheiden kann.[68] Insbesondere in den großen Genossenschaften mit einer hauptamtlichen, nicht aus Genossen-

---

64 Für die agroindustriellen Betriebe der Costa bestimmt Artikel 39 b des Agrarreformgesetzes sogar ausdrücklich „die Kontinuität des leitenden technischen und Verwaltungspersonals und seinen Verbleib unter zum mindesten den gleichen Bedinungen, die es in den enteigneten Betrieben hatte."
65 Bei sehr großen Genossenschaften mit mehr als 500 Mitgliedern (z.B. den zuckerproduzierenden Genossenschaften der Costa) tritt an die Stelle der Generalversammlung eine Delegiertenversammlung, die von allen Mitgliedern gewählt wird.
66 V. Lüpertz, 1979, S. 36.
67 P. T. Knight 1975, S. 362 f.
68 G. M. Vargas, 1976, S. 31.

schaftsmitgliedern bestehenden Leitung ist eine Kontrolle des Managements durch die Aufsichtsorgane der Genossenschaft äußerst schwierig.[69]

Die Arbeit der Produktionsgenossenschaft ist ähnlich wie auf den früheren Hazienden straff hierarchisch gegliedert. An der Spitze der Arbeitsorganisation steht ein Geschäftsführer, der meist nicht Mitglied der Genossenschaft ist und der das ganze Unternehmen leitet. Ihm sind bei räumlich unterteilten Betrieben mehrere Unterverwalter für die Teilbetriebe unterstellt. Darauf folgen die Sektionschefs (z.B. für Viehzucht, Ackerbau, Werkstätten, Sozialwesen), die Coordinadors oder Jefes de campo (wohl eine Art Vorarbeiter), dann die als Hirten oder Feldarbeiter tätigen Mitgleider und schließlich die in den gleichen Funktionen tätigen Nichtmitglieder (die sogn. Eventuales). Dazu kommen dann noch die Spezialisten, z.B. Tierarzt, Chauffeure, Traktoristen, die sich nicht unmittelbar in die Hierarchie einordnen.

Die Mitglieder erhalten für ihre Arbeit ein Entgelt, das sich nach der jeweiligen Tätigkeit richtet. So wurden z.B. in der CAP Gigante[70] im Dezember 1975 folgende Löhne und Gehälter gezahlt:[71]

Tagelohn für 614 Arbeiter (wohl ausschließlich Hirten)
   351 Mitglieder: 68 Soles[72]
   263 Nichtmitglieder: 56 Soles

Monatliches Gehalt für 36 Angestellte
Geschäftsführer   23 000 Soles
Rechnungsführer   13 000 Soles
Unterverwalter   12 000 Soles
Sektionschefs   7 200 Soles
Sozialhelferin   8 200 Soles
Primarlehrer   8 500 Soles
usw. bis
Jefe de Campo   3 000 Soles

Von den 36 Angestellten waren nur 15 Mitglieder der Genossenschaft, die anderen arbeiteten unter Vertrag.

Wegen der unzureichenden Vorbildung der meisten Genossen werden die gut bezahlten leitenden Posten überwiegend von denjenigen Mitgliedern wahrgenommen, die schon auf den früheren Hazienden die gleiche Funktion ausgeübt hatten. Dabei kommt es dann eventuell infolge der Zusammensetzung der Genossenschaft aus mehreren ehemaligen Hazienden zu Konkurrenzkämpfen innerhalb dieser Gruppe. So berichtet z.B. N. C. Zubia del Carpio, daß die Teilung der CAP Gigante in drei wirtschaftliche Untereinheiten im wesentlichen durch die persönliche Rivalität der drei mächtigsten ehemaligen Haziendaverwalter bedingt war. Sie erstreben jetzt als

---

69 V. Lüpertz 1979, S. 116.
70 Diese liegt in den Provinzen Lampa und San Román des Dept. Puno.
71 Nach N.C. Zubia del Carpio, 1976, S. 76 f.
72 Der Sol hatte damals einen Wert von 0,057 DM.

Unterverwalter eine möglichst selbständige Stellung und erschweren so die Integration der verschiedenen Exhazienden zu einer echten neuen Betriebseinheit.[73]

Die Beibehaltung des Personals der Exhazienden in den führenden Posten hat sich vor allem auf die sozialen Beziehungen sehr negativ ausgewirkt. Sie hatte die Übernahme der alten hierarchischen Strukturen zur Folge, so daß das Herrschaftsgefüge der Hazienden fast unverändert fortbesteht und die Gleichberechtigung aller Genossenschaftsmitglieder weitgehend Theorie bleibt.[74]

Eine erhebliche wirtschaftliche und soziale Ungleichheit besteht aber auch innerhalb der einzelnen Gruppen, sogar unter den ehemaligen Colonos. Diese hatten auf den Hazienden das Recht, als Entgelt für ihre Arbeit ein Stück Haziendaland (die Sayaña) für ihren eigenen Bedarf zu bestellen und auch ihr Vieh auf dem Haziendaland weiden zu lassen.[75] Dieses Recht nehmen sie nun auch im Rahmen der Genossenschaft in Anspruch,[76] da der Hirtenlohn nach wie vor so gering ist (ca. 100 DM monatlich), daß eine Familie kaum davon leben kann. Die einzelnen Colonos besitzen aber sehr unterschiedliche Viehbestände und auch unterschiedlich große Sayañas, und das bestimmt weitgehend ihre wirtschaftliche Lage und auch ihr Sozialprestige.

Das individuelle Vieh der Genossenschaftsmitglieder heißt „Huaccho"-Vieh.[77] In einzelnen Genossenschaften ist es so zahlreich, daß es die gemeinsame Wirtschaft ernsthaft beeinträchtigt. In der CAP Gigante halten z.B. einzelne Mitglieder mehr als 500 Schafeinheiten![78] Hier umfaßte das Huaccho-Vieh im Dezember 1973 mit 67 192 Schafeinheiten 25% des gesamten Viehbestandes dieser Genossenschaft. In der CAP Manco Capac Nr. 202[79] waren es sogar 35,8% des Viehbestandes.[80] Hier besaß im Dezember 1976 jede Familie im Mittel 139 Schafeinheiten. Insgesamt waren es 253 Esel und Maultiere, 2 049 Stück Rindvieh, 270 Pferde, 608 Lamas und 13 696 Schafe. Auch in der CAP Micaela Bastides bereitet die Überweidung durch das Huaccho-Vieh (im Sept. 1973 allein 67 000 Huaccho-Schafe bei 586 Mitgliedern und einer Gesamtfläche von 60 250 ha) große Probleme.[81]

Dieses private Vieh schadet der Genossenschaft nicht nur durch seinen Futteranspruch, sondern es erschwert auch durch unkontrollierte Kreuzung die angestrebte

---

73 N. C. Zubia del Carpio, 1976, S. 66 f.
74 In einer 1975 in der CAP Gigante durchgeführten Befragung monierten z.B. viele Genossen, daß die Angestellten wieder die besten Posten besetzen und die übrigen Mitglieder wie zu Zeiten des Patrons ausbeuten (N. C. Zubia del Carpio 1976, S. 39 f).
75 Vgl. F. Monheim, 1966, S. 140 ff und 151 f.
76 Das widerspricht eindeutig dem Genossenschaftsgesetz, das die gemeinsame Nutzung aller Produktionsmittel vorschreibt, doch wird es von den Behörden meist notgedrungen gebilligt.
77 Zur Bedeutung des Huacchoviehs für die ehemaligen Hazienden vgl. J. Martinez 1975.
78 Nach N.C. Zubia del Carpio, 1976, S. 45 und 48 f. Die „Schafeinheit" ist ein rechnerischer Wert, der von den Futteransprüchen der einzelnen Vieharten ausgeht. So entspricht z.B. eine Kuh einem Pferd je 10 Schafeinheiten.
79 In den Provinzen Lampa, Azángaro und San Román des Dept. Puno.
80 G. E. Machaca, 1978, S. 52 ff und S. 60 ff.
81 D. Horton, 1974, Appendix B., S. 24.2 und 24.5

rassische Aufbesserung des Viehbestandes und führt zudem zu einer ständig neuen Verseuchung der Weiden mit Parasiten (z.B. Leberegel). Die volle Eliminierung des Huacchoviehs wäre aber nur möglich bei einer beträchtlichen Erhöhung der Tagelöhne, die z.Z. wirtschaftlich und politisch nur schwer durchzusetzen ist. Deshalb versucht man durch Erhebung eines Weidegeldes zum mindesten die Zahl des Huaccho-Viehs einzudämmen, wie das z.B. in der Genossenschaft Manco Capac Nr. 202 auf Anordnung eines Staatskommissars seit Januar 1977 geschieht.[82] Dort wurden damals folgende gestaffelte Weidegebühren eingeführt:[83]

1 – 40 Schafeinheiten frei
41 – 100 Schafeinheiten 0,30 Sol je Einheit u. Tag (= 0,010 DM)
101 – 150 Schafeinheiten 0,40 Sol je Einheit u. Tag (= 0,013 DM)
151 – 200 Schafeinheiten 0,50 Sol je Einheit u. Tag (= 0,016 DM)
201 – 250 Schafeinheiten 0,60 Sol je Einheit u. Tag (= 0, 020 DM)
> 250 Schafeinheiten 1,00 Sol je Einheit u. Tag (= 0,033 DM)

Die Mitglieder der Genossenschaft sind mit dieser Maßnahme freilich keineswegs einverstanden. „Sie glauben, daß sie zur Zeit des Patrons bessere Lebensmöglichkeiten hatten, und sie sind unzufrieden mit dem Gesetz zur Agrarreform".[83] So wird auf die Dauer wohl nur die Ablösung der Weiderechte durch einen höheren Tagelohn als Ausweg bleiben.

Auch auf wirtschaftlichem Gebiet bestehen bei den landwirtschaftlichen Produktionsgenossenschaften grundsätzliche Probleme. Diese sollen aber erst später im Zusammenhang mit der wirtschaftlichen Situation der SAIS besprochen werden, weil die Probleme bei beiden sehr ähnlich gelagert sind.

3.3 UNTERNEHMEN IM SOZIALEIGENTUM (EPS)

Auf die Eigenarten dieser jüngsten peruanischen Unternehmensform wurde oben schon hingewiesen. Im Dept. Puno gibt es 5 landwirtschaftliche Unternehmen dieses Typs, die im Mittel fast 43 000 ha groß sind, insgesamt 500 Familien umfassen und 12% der im Rahmen der Agrarreform zugewiesenen Fläche bewirtschaften (vgl. Tab. 8). Ihre Gründung erfolgte erst nach 1976, so daß noch kaum einschlägige Erfahrungen vorliegen. Sie funktionieren wohl weitgehend wie die Produktionsgenossenschaften (CAP's), nur mit dem Unterschied, daß es bei ihnen oberhalb des Betriebs noch zwei übergeordnete Ebenen gibt, die sogenannten „Unidades Regionales", denen alle EPS der betreffenden Region angehören, und auf nationaler Ebene eine

---

82 Wegen einer Reihe von Unregelmäßigkeiten in der Geschäftsführung wurde die Selbstverwaltung dieser Genossenschaft im Oktober 1976 durch eine Intervention des Landwirtschaftsministeriums vorübergehend außer Kraft gesetzt. Vgl. G. E. Machaca 1978, S. 1 und S. 25 f.
83 G. E. Machaca, 1978, S. 61. Weidegebühren in entsprechender Staffelung werden freilich in den meisten CAP's und SAIS erhoben. Dabei schwankt die Gebühr im allgemeinen aber nur zwischen 1 und 3 Soles je Schafeinheit im Monat! (D. Horton, 1974, Appendix B, S. 21.5, 22.6, 23.6, 24.5 und 25.5).

„Versammlung des Sozialeigentumssektors". Beide haben gewisse Aufsichtsfunktionen und sollen im übrigen dafür sorgen, daß die einzelnen Unternehmen sich gemäß den Interessen des gesamten Sektors und den Erfordernissen der regionalen und nationalen Wirtschaft entwickeln.

Ein zweiter Unterschied besteht in der Gewinnverwendung. Die EPS müssen jährlich etwa 10% ihres Bruttogewinns sowie nach Rückzahlung ihres Gründungskredits darüber hinaus noch weitere Beträge an den „Nationalen Fonds des Sozialeigentums" überweisen, mit denen dieser dann neue Unternehmen im Sozialeigentum finanzieren soll. Schließlich gibt es zum mindesten in der Theorie noch weitere Besonderheiten wie ein zwangsweises Bausparen und eine ständige berufliche Weiterbildung für alle Mitglieder des Unternehmens, die aber bei landwirtschaftlichen Betrieben wohl kaum Bedeutung haben dürften.

3.4 LANDWIRTSCHAFTSGESELLSCHAFTEN VON SOZIALEM INTERESSE (SAIS)

Bei der Übertragung des Haziendalandes an die ehemaligen Colonos und deren Zusammenfassung zu landwirtschaftlichen Produktionsgenossenschaften gehen die Indianergemeinden völlig leer aus, obschon sie nach den Grundprinzipien jeder Agrarreform eigentlich zu den Hauptnutznießern der Reform zählen sollten. Ein großer Teil des enteigneten Haziendalandes hatte ja ursprünglich den Indianergemeinden gehört und wurde erst im Laufe der Jahrhunderte auf mehr oder weniger ungesetzliche Weise entfremdet. Daher bestanden schon lange erhebliche Spannungen zwischen Indianergemeinden und Hazienden, die dann Anfang der 60er Jahre auch im Dept. Puno zur gewaltsamen Besetzung zahlreicher Betriebe geführt hatten.

Auch im peruanischen Gesetz zur Agrarreform sehen mehrere Artikel eine Landzuweisung an die Indianergemeinden vor.[84] Eine individuelle Zuweisung an die einzelnen Campesinos kam freilich nicht in Frage, weil sie zur Zersplitterung der Exhazienden geführt und damit gerade bei den Viehzuchtbetrieben der Sierra die Rentabilität zerstört hätte. Um diesen Nachteil zu vermeiden, hatte die Agrarreformbehörde schon unter Präsident Belaúnde ein Modell entwickelt, das erstmals am Beispiel der Hazienda Algolan in der zentralperuanischen Sierra erprobt wurde und das Verfasser bereits 1968 ausführlich beschrieben hat.[85] Dabei wurden 207 000 ha dieser Hazienda in insgesamt 26 Einzelbetriebe aufgeteilt, von denen 14 an benachbarte Gemeinden zur Nutzung übergeben wurden, während 12 auf Produktionsgenossenschaften aus dem Kreis der ehemaligen Colonos übergingen. Die Gemeinden durften aber das Land nicht unter ihren Mitgliedern aufteilen, sondern sie mußten es geschlossen als gemeindeeigenen Betrieb von einem Verwalter bewirtschaften lassen. Die Gewinne sollten dann für Gemeindezwecke verwandt werden.

Dieses Modell hat damals wirtschaftlich schlecht funktioniert.[86] Der Viehbestand

---

84 Z.B. Artikel 67 und 126.
85 F. Monheim, 1968, S. 12 ff.
86 D. Horton, 1976, S. 238.

ist drastisch zurückgegangen, während umgekehrt die Kosten für die technische Beratung durch Angestellte des Landwirtschaftsministeriums rapide stiegen. Deshalb hat die Militärregierung das Modell in Form der „Landwirtschaftsgesellschaften von sozialem Interesse" (SAIS) etwas abgewandelt, um so die Indianergemeinden an den Vorteilen der Agrarreform zu beteiligen, ohne die Produktivität zu schädigen.

Das Modell der SAIS ist sehr komplex. Bei seiner Analyse und Beurteilung ist grundsätzlich zu unterscheiden zwischen dem theoretischen Konzept und den praktischen Auswirkungen, die leider weit auseinanderklaffen. Dazu muß aber zunächst das Modell als solches besprochen werden.

Die SAIS besteht wie die CAP aus einer Reihe von ehemaligen Haziendas, die zu einer neuen, großen Produktionseinheit zusammengefaßt sind,[87] und sie wird wie diese auch von dem Personal der ehemaligen Haziendas bewirtschaftet. Im Unterschied zur CAP gehört die SAIS aber nicht nur den ehemaligen Feudatarios, sondern zugleich auch mehreren Campesinogemeinden, die an die betreffenden Ex-Haziendas angrenzen. Diese sind zwar nicht an der Bewirtschaftung beteiligt, wohl aber an der Leitung und auch am Gewinn des Unternehmens.

Im dicht besiedelten Titicacabecken grenzen oft viele Campesinogemeinden an die zur SAIS gehörenden ehemaligen Haziendas. Damit ergibt sich für die Behörde das Problem, welche dieser Gemeinden in die SAIS aufgenommen werden sollen. Dafür gelten als Auswahlkriterien eine vorwiegend landwirtschaftliche Tätigkeit, geringe Produktionskapazität (Landmangel!) und geringes Familieneinkommen. Dabei sind Gemeinden mit Grenzstreitigkeiten gegen Exhaziendas zu bevorzugen, und außerdem auch solche, die im Rahmen der Agrarreform sonst kein Land erhalten. Die in die SAIS aufzunehmenden Gemeinden werden nicht gleichmäßig am Besitz und damit auch am Gewinn beteiligt. Es gilt vielmehr das Prinzip: je ärmer eine Gemeinde, desto größer soll ihr Anteil sein.[88]

Da Eigentümer der SAIS nur juristische Personen sein können, muß das Personal der ehemaligen Haziendas sich zur Ausübung seiner Rechte zu einer Dienstleistungsgenossenschaft zusammenschließen, die zusammen mit den Campesinogemeinden die Besitzrechte ausübt. Dementsprechend erfolgt auch die Leitung des Unternehmens gemeinsam. Die Leitungsorgane sind die gleichen wie in der CAP, also Delegiertenversammlung, die hier an die Stelle der Generalversammlung tritt, Verwaltungsrat, Aufsichtsrat usw., aber sie sind hier entsprechend den anderen Besitzverhältnissen auch anders zusammengesetzt. Nach dem Gesetz soll jedes Mitglied der SAIS, also jede Campesinogemeinde sowie die Dienstleistungsgenossenschaft, gleich viele Vertreter in die Delegiertenversammlung entsenden, in der die Campesinogemeinden daher ein beträchtliches Übergewicht haben. So besteht z.B. die Delegiertenversammlung der SAIS Pachacutec im Dept. Junin zu 90% aus Vertretern der 9

---

87 Die mittlere Größe der SAIS beträgt im Dept. Puno 43 194 ha (vgl. Tab. 8). Die größte (Cerro Grande) umfaßt sogar 81 342 ha (F. Paca, 1977, Tab. 2, S. 34).
88 Vgl. J. Kressin und E. Spiegel, 1973, S. 30 f, D. Horton, 1976, S. 240 f.

zugehörigen Campesinogemeinden![89] Das gleiche gilt auch für den Verwaltungs- und den Aufsichtsrat.[90]

Diese Regelung hat sich freilich im Dept. Puno nicht durchgesetzt. Hier werden die Delegiertenversammlung sowie der Verwaltungs- und Aufsichtsrat mit Genehmigung der Agrarreformbehörde paritätisch von Gemeindemitgliedern und Vertretern der Dienstleistungsgenossenschaft besetzt.[91] So besteht z.B. die Delegiertenversammlung der SAIS Churura[92] aus je 10 Vertretern der drei beteiligten Gemeinden sowie 30 Vertretern der zugehörigen Dienstleistungsgenossenschaft.[93]

Die Exhazienden und die Campesinogemeinden einer SAIS durchdringen sich oft räumlich. Dabei sind die Gemeinden nur als juristische Person, nicht aber ihr Territorium in die SAIS inkorporiert. Infolgedessen bildet das Land der SAIS oft keine zusammenhängende Fläche, sondern es schieben sich Campesinogemeinden dazwischen, deren Land nach wie vor in der traditionellen Weise individuell bewirtschaftet wird.[94]

Die Verwaltung der SAIS mit Büros, Lagerhäusern, Fuhrpark, Einrichtungen für die Viehzucht sowie Wohnungen für das Verwaltungspersonal liegt meist in den Gebäuden einer ehemaligen Hazienda. Es ist ein umfangreicher Komplex, da für einen Großbetrieb mit 50 000 — 100 000 Schafeinheiten und oft mehreren 100 ha Anbaufläche ein erheblicher Verwaltungsaufwand benötigt wird. So hatte z.B. die relativ kleine SAIS Yanarico[95] in der Provinz Puno 1973 den folgenden Personalbestand:

Tabelle 9: Personalbestand und Löhne bzw. Gehälter der SAIS Yanarico 1973[96]

1. Tagelöhner	Lohnhöhe
156 Hirten	40 Soles[97]
15 Coordinadores de Campo	45 Soles
3 Jefes de trabajo	45 Soles
4 Arbeiter in der Verwaltung	80, 72, 68 bzw. 50 Soles
4 Arbeiter im Dienstleistungsbereich	50 bzw. 35 Soles
13 Facharbeiter	43 Soles
30 Peones	40 Soles
69 „Eventuales" (nicht ständig Beschäftigte)	?
294 Tagelöhner insgesamt	

---

89 C. Fonseca M., 1975, S. 363.
90 C. Fonseca M., 1975, S. 355.
91 F. Paca, 1977, S. 4.
92 In den Provinzen Azángaro, Huancané und Sandia des Dept. Puno.
93 R.O. Ochoa und J. Sarmiento, 1976, S. 88.
94 Vgl. z.B. den Grundriss der SAIS „Cahuide" in V. Lüpertz 1979, S. 142.
95 Zur Größe dieser SAIS vgl. die Tab. 11 und 12.
96 Nach F. Paca 1977, S. 88 und 99 f.
97 Der Wert des Sol schwankte 1973 zwischen 0,05 DM und 0,07 DM.

Landwirtschaftsgesellschaften von sozialem Interesse (SAIS)

2. Angestellte	Gehalt
1 Betriebsleiter	20 000 Soles
1 tech. Assistent für Viehzucht	6 000 Soles
1 Sekretärin	2 200 Soles
4 Sektionschefs	2 917 Soles
1 Rechnungsführer	15 000 Soles
2 Gehilfen des Rechnungsführers	1 500 Soles
1 Hauptkassierer	4 000 Soles
1 Lagerverwalter	3 000 Soles
4 Sektionslagerverwalter	1 500 Soles
1 Sozialhelferin	6 000 Soles
9 Lehrer	7 800–5 400 Soles
26 Angestellte insgesamt	
Summe der Löhne 1973	4 009 208 Soles
Summe der Gehälter 1973	984 800 Soles

Die erheblich größere SAIS Puno beschäftigte 1975 sogar 498 Männer und 387 Frauen. Davon waren 68% „Eventuales", d.h. Nichtmitglieder der Dienstleistungsgenossenschaft, und zwar insbesondere die Frauen, da jeweils nur ein Familienangehöriger Mitglied der Genossenschaft sein kann.

Tabelle 10: Personalbestand der SAIS Puno 1975[98]

Alter	Mitglieder (Permanentes)		Nichtmitglieder (Eventuales)		Insgesamt
	Männer	Frauen	Männer	Frauen	
16–18	–	–	109	68	177
18–60	195	43	158	266	662
⟩60	35	10	1	–	46
insges.	230	53	268	334	885

In dieser SAIS wurden 1974 trotz des großen Personalbestandes nur 3 585 073 Soles an Löhnen und 1 044 114 Soles an Gehältern gezahlt[99], insgesamt also rund 4,6 Mill. Soles.[100]

---

98 F. Paca 1977, S. 63.
99 F. Paca 1977, S. 77.
100 Das entspricht zum Umrechnungskurs von 5,8 Pfenning je Sol (Dez. 1974) 268 500 DM.
101 Nach F. Paca 1977, Tab. 2, S. 34. Die Flächenangaben teilweise abgeändert nach dem gleichen Autor, Tab. 5, S. 42, da die Angaben in Tab. 2 nachträgliche Zuweisungen nicht berücksichtigen.
102 Die SAIS Sollocota hat sich bereits 1969 gebildet, doch erfolgte die offizielle Landzuweisung erst 1975.

Tabelle 11: Strukturdaten der bis Anfang 1976 gegründeten SAIS des Dept. Puno[101]

Name	Lage der Zentrale Distrikt	Provinz	Größe (ha)	Agrarschuld (Soles)	Zahl der Familien Genossensch.	Gemeinden	inges.	Datum der Landzuweisung
Yanarico	Vilque	Puno	38 048	38 660 974	150	–	150	2. 3.1970
Yocara	Juliaca	San Román	9 421	15 172 652	56	–	56	2. 3.1970
Picotani	Muñani	Azángaro	70 090	55 998 192	309	391	700	2. 3.1970
Sollocota	San José	Azángaro	30 347	61 605 819	507	192	699	20. 6.1975[102]
Buenavista	Huata	Puno	48 002[103]	67 029 507	677	3 168	3 845	21.12.1972
Puno	Puno	Puno	61 800	86 480 258	220	988	1 208	21. 6.1973
Rio Grande	Acora	Puno	22 694	35 781 739	168	1 465	1 633	21. 6.1973
Mañazo	Mañazo	Puno	47 483	14 689 367	97	750	847	5.10.1973
Vilque	Tiquillaca	Puno	36 199	9 913 110	96	350	446	15.10.1973
Rosaspata	Rosaspata	Huancané	58 502	23 040 449	271	1 465	1 736	19. 6.1975
Cerro Grande	Coña	Sandia	81 792	27 063 600	357	200	557	28.12.1973
San Pedro	Moro	Huancané	30 446	23 238 311	393	688	1 081	16. 6.1975
Huayna Capac	Muñani	Azángaro	44 594	66 366 097	303	505	808	8.10.1974
Churura	Putina	Azángaro	55 265	49 464 189	345	733	1 078	8.10.1974
Illary	S. de Pupuja	Azángaro	27 107	25 315 812	298	335	633	30.12.1974
Macaya	Azángaro	Azángaro	31 483	26 532 640	555	252	807	30.12.1974
San José	San Anton	Azángaro	26 929	26 103 065	309	586	895	30. 9.1975
Kenamary	Asillo	Azángaro	27 637[103]	14 621 824	83	325	408	31.10.1975
Aricoma	Crucero	Carabaya	61 293	63 912 836	290	575	865	31.10.1975
Posoconi Or.	Asillo	Azángaro	15 356	18 464 369	193	986	1 179	?
					5 677	13 954	19 631	

Tabelle 12: Anbauflächen und Viehbestand der SAIS im Dept. Puno 1975

Name	Anbaufläche (in ha)										
	Kar-toffel	Quinua	Cañihua	Raps	Hafer- u. Grün-gerste	Futter-pflanzen	Anbau-fläche insg.	Natur-weide (ha)	Schafe	Alpacas (Stück)	Rindvieh
Yanarico	38	20	10	–	118	–	186	21 727	56 700	–	251
Yocara	41	34	14	–	238	16	343	7 536	24 562	–	286
Picotani	30	11	2	–	33	3	79	65 000	46 876	11 659	1 198
Sollocota	25	13	5	2	90	–	135	27 747	38 449	1 452	2 420
Buenavista	253	97	8	100	303	85	846	34 612	74 024	–	2 229
Puno	17	12	–	–	45	12	86	61 492	71 205	6 588	3 965
Rio Grande	7	3	–	0,5	15	12	37,5	22 593	45 100	380	1 335
Mañazo	16	15	–	2	28	–	61	47 333	10 812	7 501	213
Vilque	25	14	1	14	36	–	90	32 368	13 028	3 115	660
Rosapata	28	10	–	3	67	–	108	57 284	28 580	11 375	197
Cerro Grande	1	6	–	1	3	–	11	78 523	8 724	22 917	142
San Pedro Huayna	52	21	1	8	97	–	179	29 667	27 084	303	418
Capac	35	21	2	–	87	–	145	44 084	43 253	4 172	2 664
Churura	47	35,5	1	–	96	50	229,5	52 753	41 717	1 259	1 259
Illary	62	51	14	17	104	–	248	18 500	39 595	–	784
Macaya	73	36	5	10	114	–	238	29 483	29 569	172	1 299
San José	32	23	4	2	122	–	183	13 510	31 670	173	1 668
Kenamary	3	2	–	–	6	–	11	4 117	4 931	–	36
Aricoma	10	–	–	–	40	–	50	58 312	76 920	17 628	858

Nach F. Paca, 1977 Tab. 5, S. 42.

Wichtigster Wirtschaftszweig der SAIS im Dept. Puno ist die Viehzucht, und zwar insbesondere die Schafzucht (vgl. Tabelle 12). Bei einigen wenigen, besonders hoch gelegenen Unternehmen, wie insbesondere der SAIS Cerro Grande im Distrikt Coña (Provinz Sandia), aber auch den SAIS Picotani, Rosaspata und Aricoma kommt als zweiter Schwerpunkt Alpacahaltung hinzu.[105] Außerdem halten alle SAIS in mehr oder weniger großem Umfang auch Rindvieh auf dafür geeignetem Gelände. Dazu werden meist auch Futterpflanzen angebaut.

Ackerbau betreiben die SAIS im allgemeinen nur zur Selbstversorgung mit Kartoffeln und Quinua sowie etwas Anbau von Hafer und Grüngerste als Viehfutter (vgl. Tab. 12). Nur in den klimatisch und morphologisch begünstigten Betrieben, wie insbesondere in der SAIS Buenavista in der Nähe des Titicacasees, gibt es auch umfangreicheren Ackerbau.

Die SAIS Buenavista ist ein instruktives Beispiel für die auch in der Landschaft sichtbaren Veränderungen, die im Gefolge der Agrarreform durch die Modernisierung und Mechanisierung der Landwirtschaft hervorgerufen wurden. Sie liegt in einer weiten, teilweise überschwemmungsgefährdeten Aufschüttungsebene, die man auf der Fahrt von Juliaca nach Puno auf der Straße oder mit der Eisenbahn durchquert und die bis vor wenigen Jahren eine endlose, mehr oder weniger kümmerliche Naturweide war.[106] Heute finden sich dagegen in ihrem südlichen Teil, in der Mitte zwischen Caracoto und Paucarcolla riesige, mit Hafer und Grüngerste bestellte Felder, und auch die Qualität des Weidelandes hat sich durch Einzäunung und geordnete Beweidung erheblich verbessert.

Eine der wichtigsten Fragen im Zusammenhang mit der Umwandlung ehemaliger Haziendas in genossenschaftliche Großbetriebe ist die nach ihrer Rentabilität und damit nach den Vorteilen, die sie für die Genossenschaftsmitglieder und im Falle der SAIS auch für die Campesinogemeinden bringen. Leider ist die Buchführung der meisten Genossenschaften noch nicht so gut organisiert, daß sich eine zuverlässige Bilanz ergibt. Immerhin vermitteln einige Ansätze aus dem Dept. Puno zum mindesten ein Vorstellung von der Größe der wichtigsten Bilanzposten. Das gilt besonders für eine detaillierte Wirtschaftsanalyse der 55 000 ha großen SAIS Churura durch R. O. Ochoa und J. Sarmiento (Tabelle 13).

---

103 Für diese SAIS gibt F. Paca in seiner Tab. 5 (S. 42) niedrigere Werte an (Buenavista 43 265 ha und Kenamary 4 146 ha), weil ein großer Teil des Geländes landwirtschaftlich nicht nutzbar ist.
104 Nach F. Paca, 1977 Tab. 5, S. 42.
105 Bei den Zahlen in Tabelle 12 ist zu bedenken, daß ein Alpaca 2,5 Schafeinheiten entspricht.
106 Zahlreiche, mit Gras überwachsene Wölbackerfelder zeigen freilich, daß hier in vorspanischer Zeit ein umfangreicher Ackerbau betrieben wurde, der wegen seiner Nachbarschaft zu der alten Aymarahauptstadt Atuncolla möglicherweise sogar auf vorinkaische Zeiten zurückgeht. Vgl. dazu C. T. Smith, W. M. Denevan und P. Hamilton, 1968, S. 363 ff.

Tabelle 13: Ausgewählte Bilanzposten der SAIS Churura (Wirtschaftsjahr 1975/76)[107]

Einnahmen insgesamt (einschl. Entnahmen für Eigenbedarf)	15,7 Mill. Soles[108]
darin: Verkauf von Schafen	3,9 Mill. Soles
Schafswolle	3,8 Mill. Soles
Verkauf von Rindvieh	2,2 Mill. Soles
Ackerbauliche Produktion	2,1 Mill. Soles
Ausgaben insgesamt	16,6 Mill. Soles
darin: Gehälter für die Verwaltung	3,2 Mill. Soles
Wagen- und Maschinenpark	1,7 Mill. Soles
Betriebskosten der Viehzucht (z.B. Hirtenlohn)	4,0 Mill. Soles
Betriebskosten im Ackerbau	2,1 Mill. Soles
Sozialabgaben	1,4 Mill. Soles
Verlust im Wirtschaftsjahr 1975/76	0,9 Mill. Soles

Bei dieser Bilanz ist zu berücksichtigen, daß die SAIS Churura erst Ende 1974 gegründet wurde, so daß es sich um ihr erstes Wirtschaftsjahr handelt, in dem naturgemäß noch Anlaufschwierigkeiten in der Koordination der 9 ehemaligen Haziendenbestanden. Dazu kommt sicher ein übermäßig großer Verwaltungsaufwand, so daß die Summen der Gehälter und der Tagelöhne ungefähr gleich groß sind (3,2 Mill.: 3,8 Mill. Soles), während im allgemeinen die Gehälter nur 1/3 bis 1/4 der Lohnkosten betragen (vgl. oben). Schließlich ist auch der Umfang des Huacchoviehs (mit 54% des gesamten Viehbestandes) in Churura so groß, daß die eigene Viehhaltung dadurch erheblich beeinträchtigt wird, zumal die Mitglieder der Genossenschaft ihr Huacchovieh bevorzugt auf die besseren Weidegründe treiben.[109]

Während somit die SAIS Churura als Betrieb noch mit großen Schwierigkeiten zu kämpfen hat, ist die Situation für die einzelnen Mitglieder der Dienstleistungsgenossenschaft wesentlich besser. Das Einkommen der ständig beschäftigen Tagelöhner wie Hirten usw. beträgt im Mittel 22 080 Soles jährlich, und das Gehalt für 20 als Angestellte tätige Mitglieder im Mittel sogar 52 476 Soles.[110] Dazu kommen dann noch die Einnahmen aus dem Huacchovieh, die im Mittel auf 17 500 Soles geschätzt werden[111], sowie die Nutzung einer kleinen Ackerbauparzelle von etwa 350 m².[112] Das einfache, ständig beschäftigte Mitglied hat also Jahreseinnahmen in einer Größenordnung von etwa 40 000 Soles. Dem gegenüber wird das mittlere Einkommen in den drei zur SAIS gehörenden Campesinogemeinden auf nur 16 000 Soles ge-

---

107 Nach R. O. Ochoa und J. Sarmiento, 1976, S 118, 122, 124 ff, 130. Dort ist eine vollständige Bilanz enthalten!
108 Der Wert des Sol lag Mitte 1976 bei 0,04 DM.
109 R. O. Ochoa und J. Sarmiento, 1976, S. 35.
110 R. O. Ochoa und J. Sarmiento, 1976, S. 101 f.
111 R. O. Ochoa und J. Sarmiento, 1976, S. 103.
112 R. O. Ochoa und J. Sarmiento, 1976, S. 34.

schätzt![113] Diese Gemeinden haben vorläufig kaum einen Vorteil von ihrer Zugehörigkeit zur SAIS, da ja wegen der Verlustrechnung kein Gewinn verteilt werden konnte. Allerdings erhielten hier auch die meisten Gemeindemitglieder ein kleines Stück Land zur Nutzung (im Mittel 150 m²).[114]

Eine weitere Bilanzrechnung liegt mir für die 44 000 ha große Produktionsgenossenschaft Manco Capac vor, bei der sich im Jahre 1976 ein Verlust von 3 139 278 Soles ergab (das sind 71 Soles je ha), der dann wegen der Unfähigkeit zur Abtragung der Agrarschuld im Oktober 1976 zur Staatsintervention führte.[115]

Tabelle 14: Nettogewinn von vier SAIS im Dept. Puno (in Soles zum jeweiligen Wert)[116]

	Yanarico absolut	je ha	Yocara absolut	je ha	Buenavista absolut	je ha	Puno absolut	je ha
1971	102 616	3	2 646	0,3	–	–	–	–
1972	195 787	5	35 115	4	2 889 854	60	2 201 807	36
1973	435 733	11	269 734	29	3 031 817	63	2 412 862	39
1974	222 572	6	324 512	34	5 106 503	106	2 428 270	39

Ein sehr viel günstigeres Bild ergibt sich in den vier von F. Paca näher untersuchten SAIS, die schon seit 1971 bzw. 1972 bestehen und die bis 1974 immer mit Gewinn gearbeitet haben (vgl. Tab. 14).

Die meisten Produktionsgenossenschaften und SAIS des Dept. Puno arbeiten wohl mit mehr oder weniger großem Gewinn. Ausdrücklich bezeugt ist das für die CAP Gigante (1973 Gewinn 1,7 Mill. Soles = 8 Soles je ha)[117] und die SAIS Huayna Capac[118], doch schreibt auch J. G. Carpio, daß 80% der SAIS des Dept. Puno in den wenigen Jahren ihres Bestehens ihren Besitz beträchtlich vermehren konnten.[119] Die oben zitierten gegenteiligen Beispiele der SAIS Churura und der CAP Manco Capac wurden sicher gerade wegen ihrer Verluste zum Objekt von Spezialuntersuchungen.

Im Genossenschaftsgesetz und in den Statuten der einzelnen SAIS stehen detaillierte Bestimmungen über die Verwendung der Gewinne. Danach müssen folgende Zuweisungen vorgenommen werden:

Mindestens 10% an die Reserve
Mindestens 5% an einen Erziehungsfonds
Mindestens 10% an einen Fonds für Sozialvorsorge
Mindestens 15% an einen Investitionsfonds
Mindestens 5% an einen Fonds für genossenschaftliche Entwicklung

---

113 R. O. Ochoa und J. Sarmiento, 1976, S. 104. Es handelt sich um das Familieneinkommen, so daß sich bei 5 Mitgliedern je Familie ein Prokopfeinkommen von nur 3 200 Soles ergibt.
114 R. O. Ochoa und J. Sarmiento, 1976, S. 34. Es ist das der einzige mir bekannte Fall, in dem auch die Mitglieder der Campesinogemeinden Land zur Nutzung erhielten.
115 G. E. Machaca, S. 65 und S. 1.
116 F. Paca 1977, S. 139. Der Kurs des Sol sank in dieser Zeit von 0,08 DM auf 0,05 DM.
117 N. C. Zubia del Carpio 1976, S. 78.
118 G. M. Vargas 1976, S. 29.
119 Zitiert nach F. Paca, 1977, S. 28.

Die Summe dieser Beträge darf 70% des Nettogewinns nicht überschreiten.

Eine von der Generalversammlung zu bestimmende Dividende auf die Beiträge der einzelnen Genossen zum Genossenschaftsvermögen. Diese darf 2% jährlich nicht überschreiten.

Der Rest soll nach einem bestimmten Schlüssel im Falle der CAP's unter den Mitgliedern und bei den SAIS unter den zugehörigen Campesinogemeinden sowie der Dienstleistungsgenossenschaft verteilt werden. Er wird aber bei der SAIS nicht an die einzelnen Campesinos augezahlt, sondern darf nur für Infrastrukturmaßnahmen oder Entwicklungsprojekte verwandt werden.

In der Praxis werden diese Bestimmungen bisher freilich kaum eingehalten. Nach F. Paca haben etwa 80% der SAIS des Dept. Puno ihre Gewinne nicht verteilt, weil sie dafür keine Modellvorstellungen besitzen,[120] sondern sie Jahr für Jahr angehäuft. Das heißt aber, daß die zugehörigen Campesinogemeinden bisher noch nicht am Gewinn beteiligt sind.

Bisher schien es so, als ob diese Situation auch in naher Zukunft anhalten würde, da ja in wenigen Jahren die Rückzahlung der Agrarschuld beginnen sollte, so daß kaum noch Gewinne übrig bleiben würden. Die bisherigen Gewinne in den SAIS Yanarico, Yocara und Puno hätten ja nicht einmal ausgereicht, um die Rückzahlungsverpflichtungen der Agrarschuld zu erfüllen (vgl. Tab. 15 mit Tab. 14). Hier hat sich die Situation inzwischen allerdings grundlegend geändert, da – wie oben bereits ausgeführt – die Pflicht zur Rückzahlung der Agrarschuld im November 1979 durch eine Gesetzesänderung aufgehoben wurde.[121]

Tabelle 15: Verschuldung von vier SAIS im Dept. Puno (in Soles)[122]

	Yanarico	Yocara	Buenavista	Puno
Agrarschuld	38 660 723	15 172 402	67 029 507	86 480 008
Darlehen	51 369 429	24 715 384	64 834 303	54 247 000
Insgesamt	100 643 855	39 887 786	131 863 810	140 727 008
Zinsen Agrarschuld (erste 5 Jahre)	625 801	245 522	1 025 027	1 491 754
Rückzahlung Agrarschuld (20 Jahre)	1 807 876	709 515	3 069 794	3 951 062
Beginn der Rückzahlung	März 1976	März 1976	Dez. 1976	Juni 1979

120 F. Paca, 1977, S. 83.
121 Vgl. Andean Report V 12, Dez. 1979, S. 217.
122 Nach F. Paca, 1977, S. 34, 56 ff, 83 ff, 106 f und 127 ff. Bei Yanarico sind wohl die mittelfristigen Darlehen nicht erfaßt, so daß die Gesamtschuld hier nicht der Summe von Agrarschuld und Darlehen entspricht.

4. INNERE WIDERSPRÜCHE IM MODELL DER SAIS UND PROBLEME DER GENOSSENSCHAFTLICHEN BEWIRTSCHAFTUNG

Das Modell der Landwirtschaftsgesellschaften von sozialem Interesse (SAIS) ist eine Erfindung der Peruanischen Militärregierung. Es ist der am Schreibtisch entworfene Versuch, einen Ausgleich zwischen drei verschiedenen Interessengruppen herzustellen. Auf der einen Seite stehen die Forderungen der Campesinogemeinden auf Rückgabe des Landes, das ihnen in den letzten 1 1/2 Jahrhunderten auf mehr oder weniger ungesetzliche Weise entfremdet wurde. Diese Forderung ist besonders dringlich, weil die Gemeinden durch das rasche Bevölkerungswachstum der letzten Jahrzehnte unter immer größerem Landmangel leiden. Andererseits fordern auch die ehemaligen Colonos nach dem in Lateinamerika weit verbreiteten Schlagwort: „Das Land dem, der es bearbeitet" ihren Anteil an den ehemaligen Haziendan.[123] Diese beiden Ansprüche werden überlagert vom Interesse des Staates und der Gesellschaft an einer möglichst erfolgreichen landwirtschaftlichen Produktion.

Im Modell der SAIS wird durch Beteiligung der Campesinogemeinden am Besitz und am Gewinn der ehemaligen Haziendan deren Anspruch auf Rückerstattung des entfremdeten Landes grundsätzlich anerkannt und wenigstens teilweise befriedigt. Die ehemaligen Colonos müssen sich dabei zwar mit den Campesinogemeinden in die Besitzrechte und den Gewinn teilen, sie erhalten aber anders als früher eine festes Einkommen, das zum mindesten dem gesetzlichen Mindestlohn entspricht und im allgemeinen durch den Fortbestand der individuellen Landnutzung in Form der Sayaña und des Huacchoviehs sogar weit darüber hinausgeht. Der Staat schließlich hat durch die Beibehaltung des Großbetriebs und die Übernahme des technischen und des Verwaltungspersonals eine weitgehende Garantie, daß die Produktivität der Betriebe erhalten bleibt.

In der Alltagspraxis sind die Interessenkonflikte zwischen den verschiedenen Gruppen freilich keineswegs aufgehoben. Vor allem die Campesinogemeinden fühlen sich um ihren Anspruch betrogen. Ihre Besitzrechte und ihr Gewinnanteil an den SAIS stehen ja weitgehend nur auf dem Papier und bringen ihnen meist keine Hilfe in ihren Problemen. Sie vermuten, daß die geringe Gewinnausschüttung zu einem großen Teil durch zu hohe Tagelöhne und Gehälter für die Mitglieder der Dienstleistungsgenossenschaft sowie durch das Huacchovieh bedingt ist. Zudem sehen sie, daß es den ehemaligen Colonos viel besser geht als ihnen selbst, so daß diese teilweise sogar ihre Felder durch Campesinos bestellen und ihre Herden von diesen hüten lassen.[124] Diesem geringen Erfolg steht zum mindesten in einigen SAIS die Forde-

---

[123] Der Staat stellt dieser Forderung die etwas sophistische Argumentation entgegen, daß sie im Falle der Viehzuchtbetriebe nicht zu Recht besteht, weil hier das Einkommen nicht primär durch Arbeit, sondern zum überwiegenden Teil durch das in den Viehherden gebundene Kapital entsteht. DGRA 1973 S. 7 zitiert nach W. von Urff, 1975, S. 338.

[124] G. M. Vargas, 1976, S. 37 ff.

rung gegenüber, daß auch die Campesinogemeinden sich an der Tilgung der Agrarschuld beteiligen.[125] Unter diesen Umständen ist das Interesse der Campesinos am Gedeihen der SAIS denkbar gering, und einige Gemeinden wollen sogar aus dem Verbund mit ihrer SAIS wieder austreten.

Aber auch die ehemaligen Feudatarios sind als Mitglieder der Dienstleistungsgenossenschaft keineswegs zufrieden mit dem Ergebnis der Agrarreform. In ihren Augen hat sich ihre Situation nicht grundlegend verbessert. Sie stört es vor allem, daß die Campesinos ihr eigenes Land in individuellem Privatbesitz behalten und weder Land noch Arbeit für die SAIS bereitstellen, trotzdem aber am Besitz und Gewinn und sogar an der Leitung beteiligt sind. In den Verwaltungsorganen nehmen die Campesinos dank ihres besseren Bildungsstandes oft sogar die leitenden Posten wie Präsident oder Vizepräsident des Verwaltungsrates ein. Innerhalb der SAIS besteht meist ein ausgesprochener Konkurrenzkampf um die einflußreichsten Positionen, in dem die Exfeudatarios des Dept. Puno freilich durch die Erzwingung der paritätischen Besetzung der Delegiertenversammlung einen großen Erfolg errungen haben.

Ein zweiter Stein des Anstoßes war für die ehemaligen Feudatarios bisher die Pflicht zur Tilgung der Agrarschuld, die zwar an den Staat gezahlt wurde, letztlich aber der Entschädigung der ehemaligen Besitzer diente. Da die Zahlungen in den meisten Fällen den größten Teil des Gewinnes aufzehren, hätten die Excolonos also noch 20 Jahre lang für den ehemaligen Besitzer arbeiten müssen. Dazu hatten sie das Gefühl, daß sie ihren Besitz gleich zweimal bezahlen müssten, einmal über die Agrarschuld an den Hazendado und zum anderen sollen sie über die Gewinnbeteiligung der Campesinogemeinden ja auch diesen das Land bezahlen, das die Hazienda ihnen einstmals weggenommen hat. Damit sollen sie also für die Schuld der Ahnen des Hazendado einstehen.

Am besten werden durch das Modell der SAIS noch die Interessen des Staates erfüllt, doch kommt es auch hier gelegentlich zu Konfliktsituationen, wenn nämlich das Unternehmen über längere Zeit mit Verlust arbeitet oder wenn erhebliche soziale Spannungen auftreten. In diesem Falle nimmt der Staat das Recht in Anspruch, die Selbstverwaltung der Genossenschaft außer Kraft zu setzen und den Betrieb durch einen Staatskommissar verwalten zu lassen. Dieses Recht stützt sich auf die Tatsache, daß die Genossenschaft ihr Land in einem förmlichen Kaufvertrag vom Staat übernommen hat, der dafür seinerseits den ehemaligen Besitzer entschädigen muß. So lange aber die Genossenschaft den Kaufpreis nicht voll bezahlt hat, bleibt der Staat Eigentümer mit Interventionsrecht.

Auch innerhalb der einzelnen Gruppen gibt es beträchtliche Konflikte und Probleme. Das gilt besonders für die Mitglieder der Dienstleistungsgenossenschaft, also

---

125 So sollten z.B. nach Aussage der Leitung der SAIS Buena Vista die an dieser SAIS beteiligten Comunidades von der gesamten Agrarschuld in Höhe von 49 Mill. Soles allein 37 Mill. Soles bezahlen! (D. Horton, 1974, Appendix, B. S. 23.2) Nach F. Paca betrug die Agrarschuld von Buena Vista 1976 freilich 67 Mill. Soles (vgl. oben Tab. 15).

die ehemaligen Colonos. Die hier auftretenden Schwierigkeiten sind freilich keine Besonderheit der SAIS, sondern sie ergeben sich in ähnlicher Weise auch in den Produktionsgenossenschaften (CAP's) und wahrscheinlich auch in den Betrieben im Sozialeigentum (EPS), wenn darüber auch noch keine Untersuchungen vorliegen.

Diese Probleme resultieren zum einen aus der Übernahme des Verwaltungspersonals der ehemaligen Hazienden, die in vielen Fällen praktisch zu einer Konservierung der altüberkommenen Machtstrukturen geführt hat. Das schafft natürlich böses Blut unter den ehemaligen Colonos, doch gelingt es der Verwaltungsspitze meist, durch die Möglichkeit zur Vergabe von besonderen Vergünstigungen so viele ehemalige Colonos auf ihre Seite zu ziehen, daß ihre Machtstellung unerschüttert bleibt.

Ein zweiter Problemkreis betrifft die Haltung von Huacchovieh. Es wurde bereits gezeigt, daß dieses Vieh die Wirtschaftlichkeit der Betriebe ernstlich gefährden kann, so daß viele seine Reduzierung oder völlige Abschaffung anstreben. Die Einstellung der ehemaligen Colonos zu dieser Frage ist aber unterschiedlich. Diejenigen, die nur wenig oder gar kein Huacchovieh besitzen, würden seiner Abschaffung bei einer entsprechenden Lohnerhöhung gerne zustimmen, während die Besitzer von umfangreichen Huacchoherden sich dabei wirtschaftlich schlechter stehen und auch im Sozialprestige sinken würden.[126] Gerade dieser Gegensatz innerhalb der Colonogruppe ermöglicht es der Verwaltungsspitze der Genosschaft, sich mit den einflußreicheren Besitzern von großen Herden zu verbünden und so ihre und deren Macht zu erhalten. Das erschwert natürlich jeden Wandel.

Bei einer kritischen Analyse des SAIS-Modells ist freilich zu bedenken, daß die bisherige Verwirklichung dieses Modells noch nicht den radikalen Vorstellungen seiner Gründer entspricht. Die heutige Form der SAIS wird ausdrücklich als Prä-Kooperative bezeichnet, die sich erst im Laufe der Zeit durch Umstrukturierung der zugehörigen Campesinogemeinden[127] zu einer echten Genossenschaft in Form einer CAP entwickeln soll. Dabei gehört zu den Kriterien dieser landwirtschaftlichen Produktionsgenossenschaften der Verzicht auf individuelle Wirtschaft. Zu seiner Verwirklichung müssten also die Campesinos auf ihre Eigenwirtschaft verzichten und ihr Land in den gemeinsamen Besitz der SAIS einbringen.[128]

Die Umstrukturierung sollte sich nach Meinung der Ideologen nicht in Form einer völligen Übernahme der Campesinogemeinden mit allen zugehörigen Familien vollziehen, denn das würde die SAIS nur mit überzähligen Arbeitskräften belasten, für die

---

126 G. M. Vargas, 1976, S. 37 ff.
127 Diese Umstrukturierung sollte nach den Vorstellungen der Militärregierung in allen Campesinogemeinden erfolgen. Ihre Grundsätze sind festgelegt im Titel X des Agrarreformgesetzes von 1969 und im Statut der Campesinogemeinden von 1970. Vgl. auch C. Fonseca M. 1975, S. 357 f und D. Horton, 1976, S. 251–255.
128 Nach einer Ansprache von Präsident Morales Bermudez zum „Abschluß der Agrarreform" am 24.6.1976 (dem 7. Jahrestag der AR) sollte das wichtigste Ziel in der 2. Phase der Agrarreform die Zusammenfassung unrentabler Minifundien sein, um ihre Produktivität zu steigern. (Neue Züricher Zeitung Nr. 20353 vom 22.7.76, zitiert nach H. Fuhr, 1979, S. 133).

praktisch keine Verwendung besteht. Deshalb sollte als ein erster Schritt eine Reduzierung der Campesinogemeinde auf die wirklich von der Landwirtschaft lebenden Familien erfolgen. Alle Mitglieder, die zwar noch Land in der Gemeinde besitzen, dort aber nicht mehr ihren dauernden Wohnsitz haben, sollten ihr Gemeindebürgerrecht verlieren und in Bezug auf den Landbesitz und die Nutzungsrechte am Gemeindeland enteignet werden. Auf diese Weise könnte man die Zahl der Familien und die Nutzungsansprüche beträchtlich reduzieren.

Eine derartige Umstrukturierung könnte freilich nur dann sinnvoll sein, wenn es gelänge, außerhalb der Landwirtschaft in genügendem Umfang neue Erwerbsmöglichkeiten zu schaffen, weil sonst die Abwanderung aus dem Hochland noch verstärkt würde. Diesem Zeil sollten die oben bereits besprochenen PIAR's dienen, denen ja ein Teil der Gewinne der SAIS für Entwicklungszwecke zufliessen sollte.

Wer die Mentalität der Hochlandindianer kennt, der weiß, daß ein derartiges Vorhaben zur Umstrukturierung der Campesinogemeinden nur mit äußerstem Zwang durchzusetzen wäre. Selbst eine Organisation wie SINAMOS hat sich daran sehr rasch die Zähne ausgebissen. So wird der Plan einer völligen Integration der Campesinogemeinden in die SAIS und der Traum der Ideologen von einer weitgehend uniformen peruanischen Gesellschaft zum Glück wohl eine Utopie bleiben.

LITERATUR

Bourque, S. C. und D. S. Palmer: Transforming the Rural Sector: Government Policy and Peasant Response. In: A. F. Lowenthal (Hrsg.). The Peruvian Experiment, Princeton 1975

Carpio, J. G.: El desarrollo del capitalismo en el agro Puneño y las SAIS como modelo empresarial. Arequipa 1976, hektographiert.

Dirección Nacional de Estadística y Censos: Primer Censo Nacional Agropecuario 2.7.1961, Resultados Finales de Primera Prioridad, Lima 1965

DGRA (Dirección General de Reforma Agraria): La Sociedad Agricola de Interés Social. Lima 1973

Espinoza, J.: El sistema cooperativo en el agro Peruano. 1979. Hektographiert

Fonseca, C.: Comunidad, hacienda y el modelo SAIS. America Indigena, Bd. 35, 1975, S. 349–366

Fuhr, H.: Agrarreform und Bauernbewegung in Peru. Campus: Forschung Bd. 96, 1979

Gaitzsch, A.: Das Anta-Projekt. Eine Feld- und Fallstudie zur Agrarreform im peruanischen Hochland. „Fragenkreise" 23 515. 1977

Gaitzsch, A. Die peruanische Agrarreform. Landgemeinden versus Genossenschaften. Die Dritte Welt, Sonderheft 1976, Meisenheim am Glan 1976

Gremliza, D.: Die Agrarreform in Peru von 1969. „Transfines", Bd. 13, Meisenheim a. Gl. 1979

Harding, C.: Land Reform and Social Conflict in Peru. In: A. F. Lowenthal (Hrsg.): The Peruvian Experiment, Princeton, 1975

Horton, D.: Haciendas and Cooperatives: a study of estate organization, Land Reform and new Reform Enterprises in Peru. Ph.D. Thesis Cornell Univ. 1976, Univ. Microfilms

Horton, D.: Land Reform and Reform Enterprises in Peru. Appendix A: Agrarian Zonal Reports; Appendix B: Case Study Reports. April 1974 (hektographierter, im Mikrofilm nicht enthaltener Anhang zu Horton, 1976).

Izquierda, S.: Diagnostico socio-economico de la Sociedad Agricola de Interes Social Marangani Ltda. Nr. 24. Tesis Univ. Puno 1976 (hektographiert)

Jimenes, E.: Mecanismos de capitalización y distribución de excedentes en las Empresas Multicomunales de Propiedad Social en los proyectos VI, VII y VIII. Tesis Univ. Puno 1977 (hektographiert)

Keith, R. G., F. Fuenzalida, J. Matos Mar, J. Cotler und G. Alberti: La Hacienda, la comunidad y el campesino en el Peru. Peru Problema 3, Inst. de Estudios Peruanos, Lima 1970

Knight, P. T.: New forms of economic organization in Peru: toward workers' self-management. In: A. F. Lowenthal (Hrsg.): The Peruvian Experiment. Princeton 1975

Kressin, J. und E. Spiegel: Agrarreform und Produktionsgenossenschaften in Peru. Lateinamerika-Inst. der FU Berlin, Materialien zur Lehre und Forschung Nr. 1, Berlin 1973

Lincoln, J.M.K: Land to peasants: the Peruvian military in action. An Agrarian Reform policy study. Ph.D. Thesis, Ohio State Univ. 1978, Univ. Microfilms

Lüpertz, V.: Entwicklungen und Reformen in der peruanischen Landwirtschaft 1969–1976. Schriften zu Regional- und Verkehrsproblemen in Industrie- und Entwicklungsländern, Bd. 24, Berlin 1979

Machaca, G. E.: Diagnostico socio-economico de la Cooperativa Agraria de Producción Manco Capac Ltda. No 202. Tesis Univ. Puno 1978 (hektographiert)

Mansilla, H. C. F. (Hrsg.) Probleme des Dritten Weges. Mexico, Argentinien, Bolivien, Tansania, Peru. Darmstadt und Neuwied 1974

Martinez, J.: Los huacchilleros en las haciendas de la sierra central del Peru desde 1930. In: E. Florescano (Hrsg.): Haciendas, latifundios y plantaciones en America Latina, Mexico 1975

Mariscal, E. D. und N. V. Mengoa: Reforma Agraria y situación del campesino en la Sociedad Agricola de Interes social Rio Grande, Acora-Puno. Tesis Univ. Puno 1975 (hektographiert)

Matos Mar, J.: Yanaconaje y Reforma Agraria en el Peru. El caso del valle de Chancay. Peru Problema 15, Inst. de Estudios Peruanos, Lima 1976

Matos Mar, J. u. J. M. Mejía: Reforma Agraria: Logros y contradicciones 1969–1979. Inst. de Estudios Peruanos, Colección minima 5, Lima 1980

Mejia, J. M. und Rosa Diaz, S.: Sindicalismo y Reforma Agraria en el valle de Chancay. Inst. de Estudios Peruanos, Lima 1975

Minkner, M.: Eigentums-, Beschäftigungs- und Produktionsveränderungen in der peruanischen Landwirtschaft durch die Agrarreform von 1969. Verfassung und Recht in Übersee 10. Jg. 1977, S. 215–237

Monheim, F. Studien zur Haziendawirtschaft des Titicacabeckens. Heidelberger Geogr. Arbeiten, Heft 15 (Festgabe für G. Pfeifer) 1966, S. 133–163

Monheim, F.: Agrarreform und Kolonisation in Peru und Bolivien. In: Beiträge zur Landeskunde von Peru und Bolivien, Beiheft zur Geogr. Zeitschrift Heft 20, 1968

Monheim, F.: Zur Entwicklung der Peruanischen Agrarreform. Beobachtungen auf einer Reise 1970. Geogr. Zeitschrift 60. Jg. 1972, S. 161–180

Ochoa, R. O. und J. Sarmiento M.: Estudio socio economico de la Sociedad Agricola de Interés Social Churura Ltda. No 4, Tesis Univ. Puno 1976 (hektographiert)

Paca, F.: Modelos de distribución de remanentes en las Sociedades Agricolas de Interes Social del Departamento de Puno. Tesis Univ. Puno 1977 (hektographiert)

Roca, S.: Las cooperativas azucareras del Peru. Distribución de ingresos. Problemas del Desarrollo 1, Lima 1975

Schöber, P.: Die SAIS Tupac Amaru und der Agrarreformprozeß in Peru. In: H. Elsenhaus (Hrsg.), Agrarreform in der Dritten Welt. Frankfurt–New York 1979, S. 309–324

Smith, C. T., W. M. Denevan und P. Hamilton: Ancient ridged fields in the region of Lake Titicaca. The Geogr. Journal Bd. 134, 1968, S. 353–367

Sociedad Geográfica de Lima: La Reforma Agraria. In: Anuario Geográfico del Peru, Lima 1974–1975, S. 64–70

Valderrama, M.: 7 Años de Reforma Agraria Peruana 1969–1976. Lima 1976

Vargas, G.M.: Estructura economica y contradicciones sociales en la Sociedad Agricola de Interés Social Huayna Capac Ltda. No. 43. Tesis Univ. Puno (hektographiert)

von Urff, W.: Die peruanische Agrarreform. Zeitschrift für ausländische Landwirtschaft 14. Jg. 1975, S. 331–350

Webb, R. und A. Figueroa: Distribución del ingreso en el Peru. Peru Problema 14, Inst. de Estudios Peruanos, Lima 1975

Zubia del Carpio, N. C.: Evaluación de la participación como instrumento de desarrollo en la Cooperativa Agraria de Producción Gigante Ltda. No. 178. Tesis Univ. Puno 1976 (hektographiert)